KB238617

이렇게 달라졌어요!

일본유학시험 (EJU)

日本留学試験問題研究会編

[문과] 종합과목

(주)시사일본어사
book.japansisa.com

머리말

2002년도부터 유학생 여러분이 일본대학 진학을 위해서 치르게 될 시험이 새롭게 바뀝니다. 지금까지는 대학진학을 위해서「일본어 능력시험」과「외국인 사비유학생 통일시험」을 치르지 않으면 안 되었습니다. 그 제도가 유학생 여러분에게 부담이 크기 때분에 그 부담을 줄이기 위해서 시작된 것이「일본유학시험」입니다.

일본유학시험은 일본어 및 기초학력을 평가하는 것으로, 문과는「일본어」「종합과목(공민 · 지리 · 역사)」「수학」의 3 과목, 이과는 「일본어」「이과(물리 · 화학 · 생물에서 2 과목 선택)」「수학」의 4 과목으로 치루어집니다.

다시 말해, 유학생 여러분이 일본의 대학에서 수업을 듣기에 적합한 기초학력을 가지고 있는가, 진학하게 될 대학에서 수업을 따라갈 수 있는지를 평가하는 시험입니다.

이 책은 문과 과목 중에서 「종합과목」에 대해 정리한 교재입니다.

「종합과목」은 세계와 일본의 사정으로, 공민 · 지리 · 역사의 세 분야로 구성되어 있으며, 상당히 광범위한 내용을 포함하고 있습니다. 교재 내용의 절반 정도는 여러분이 이미 모국에서 배운 내용이고, 나머지 절반가량은 아마도 여러분이 처음 접하는 내용일 것입니다. 이 교재를 읽고, 알고 있는 사항에 대해서는 복습한다는 생각으로 공부해 주십시오. 처음 접하는 내용 즉, 일본에 관한 사항에 대해서는 읽어서 공부할 수 밖에 없습니다. 공부하기 어려울거라고 생각됩니다만, 교재의 내용을 공부함에 따라 일본에 대해 잘 알게 되고, 일본에 대한 이해가 깊어질 것입니다.

이 교재는 우선 각각의 테마에 대해 해설되어 있습니다. 그것을 이해하면, 각 장 끝부분의「복습문제」를 통해 어느 정도 이해가 되었는지를 확인해 보십시오. 다시 한번 책 뒷부분에 있는「일본유학시험」의 실전에 가까운 형식의「정리문제」가 있으므로, 총복습을 한다는 생각으로 풀어 보십시오.

「종합과목」은 많은 참고서를 읽고 내용을 이해하는 것 밖에 공부 방법이 없으므로 이 교재를 반복해서 읽어 주십시오. 이 교재는 읽기 쉽게 하기 위해서 히라가나, 가타카나 이외에는 후리가나를 달았습니다.

이 교재는 지면 관계상 내용이 상당히 간결하게 정리되어 있습니다. 이 교재를 공부하고 어느정도 이해가 되면, 교재 뒤에 있는 참고문헌을 읽고 지식을 넓혀 주십시오. 또, 평상시에 일본 신문을 읽고 일본 TV의 뉴스 등을 보도록 노력해 주십시오. 보다 더 이해의 폭이 넓어질 것입니다.

유학생 여러분이 이 교재를 통해 일본을 이해하고 즐거운 대학생활을 보낼 수 있길 기원합니다.

2002년 3월 편자

目次

公　民

こうみん

1-1 都市化

> 急激な都市化でどんな問題が起こったか？
> その解決としてどんなことが行われているか？

1-1-1 急激な都市化

日本では、1955年から1970年にかけて経済が急成長している時期に、第二次産業と第三次産業が大変発展し、これらの仕事についている労働者の数が非常に増えた。

とくに、太平洋沿岸の**太平洋ベルト**（→116pを見よ）に、第二次産業と第三次産業の発達した地域が集中したため、そこの人口が増えることになった。かわりに、第一次産業を中心とするそのほかの地域の人口が減ったので、新たに過密と過疎の問題が生まれた。

この太平洋ベルトを中心に重化学工業が発達し、短期間に都市部での人口が増加して都市化が進んだ。このような急速な都市化のため、都市環境は非常に悪化し、人口過密にともなっていろいろな問題が生じた。

なかでも、東京や大阪などの大都市では、行政の施策が追いつかず、道路網・住宅・病院・学校・上下水道など社会的共通資本（**社会資本**）が不足したため、住宅問題・交通問題・都市公害などの都市問題が、とくに深刻になった。

1-1-2 都市問題

住宅問題では、都市の中心部の地価（土地の値段）が高くなったため、人々は中心部から遠く離れた郊外に住むようになった。都市中心部の居住人口が減り、周辺部の人口が増える現象は、**ドーナッツ化現象**と呼ばれる。

一方、郊外は、無計画に開発されて土地が虫食い状態になり（**スプロール現象**）、社会資本が計画的に整備されないため、住まいの環境が悪化した。

職場と住居が別のところにある職住分離がさらに進み、遠距離の通勤・通学や、通勤ラッシュ・通勤地獄（過度の通勤混雑）が一般的になった。しかし、通勤地獄を解消するために交通網を整備すればするほど、郊外の住宅化が進み、スプロール化も進むということになった。

公害問題では、多くの都市が工業中心に発達したため、工場からの騒音・振動・悪臭、地下水のくみ上げによる地盤沈下、煙による大気汚染、排水による川・海・湖・地下水の汚れなどの問題が生まれた。また建物の高層化による日照権、自動車の排気ガスによる大気汚染なども、大きな問題になった。

交通問題では、交通量の増加に道路整備が追いつかず、そのため混雑・渋滞・危険といった問題が深刻になった。

医療福祉施設や公園・緑地、上下水道、道路、図書館などの公共施設や、ごみ処理などの公共サービスの整備が、人口の急増に追いつかない都市もあった。

1-1-3 追いつかない都市対策

政府は、この問題を解決するため、1962年以来、5回にわたって全国総合開発計画を実施した。とくに人口の過密問題を解決するため、全国各地に企業を招いたり、高速道路や新幹線をつくるなど、人口や産業を分散させるようにした。

しかし、この政策は政・官・財（政府・官庁・財界）の中央主導のもので、住民の意見を反映した政策ではなかったため、問題点が多く、またそののちの急速な都市化に追いつかなかった。

1-1-4 東京への集中

1980年代後半から90年代前半にかけて、バブル経済の影響で都市問題はいっそう深刻化した。情報化や経済の国際化が進むにつれて、首都東京への集中が進み、企業の本社・主要な政府機関・大学・研究機関などが、東京とその周辺に作られたため、過密化がさらに進んだ。

地価の高騰は、大阪や名古屋など全国の主要都市でも起こり、また各地でリゾート開発ブームが起こり、乱開発によって住まいの環境が非常に悪化した。

1995年におきた阪神・淡路大震災では、過密化した都市が防災面で大きな問題をかかえていることも明らかになった。

1-1-5 住環境の再開発

今までの政策を反省して、都市に集中している人口を分散させて、都市の過密化や東京への集中を解決する政策が真剣に考えられるようになった。とくに、大都市圏の集中を解消するため、衛星都市や研究学園都市の形成が進められたり、首都を東京から移したり、分散させたりする計画が論じられるようになった。

東京や大阪では、ウォーターフロントと呼ばれる河岸の工場や港近くの倉庫あとに、住宅や事務所用の高層ビルやレジャー施設を作ったりして大都市の再開発が進められた。

以前は、日本では経済の発展を優先した政策がとられることが多かった。しかし、近年、経済的・物質的な豊かさを追求するより、地域の自然環境を守り、生活環境を改善しようという考え方が広まった。地域住民が参加して街づくりを進めたり、景観条例をつくって乱開発をやめさせるなど、自分たちの手で住みよい環境をつくろうとする傾向がますます高まっている。

1-2 情報化

マスメディアの発達は人々にどんな影響を与えたか？
情報化社会での新たな問題とは何か？

1-2-1 マスメディアの発達

20世紀後半の科学技術の発達により、世界の人々の生活水準が大きく向上しただけでなく、その生活スタイルが同じようになってきた。

なかでも、もっとも大きな影響をあたえたのが、ラジオやテレビというマスメディアによる情報の生産と伝達である。雑誌や新聞も含めたマスメディアがもつマス－コミュニケーション（大量伝達・マスコミ）の力は、世界中に同じファッションを流行させるなど、**生活スタイルの均質化を大きくおし進めた。**

このマスコミは、それだけでなく、**国民の世論にも大きな影響力を持つ**ことから、政治を左右することにもなった。

1-2-2 情報化社会

高度な技術革新によって、放送衛星や通信衛星が実現し、国境をこえて同じ情報が世界中の人々に伝えられるようになった。最近では、ファクシミリ・携帯電話・インターネットが普及して、世界中の人々をむすぶ**情報ネットワーク**が誕生している。

コンピュータの出現によって、情報事務のＯＡ化（オフィス・オートメーション化）が進み、また付加価値のある情報をつくる情報産業がなりたつようになった。このように、物やサービスと同じように情報がお金で取り引きされ、情報の価値や意味が重要になった社会のことを、情報化社会と呼ぶ。

国内外の情報は、いろいろなルートで豊富に手に入れられるようになっただけでなく、リアルタイムで入手できるようになった。こうした情報化社会においては、情報を国民から隠して独占したり、ゆがんだ情報を国民に伝えたりして、権力をにぎり続けることは難しく、そのため、**情報社会化は民主主義の基礎**と考えられている。

1-2-3 情報化社会の課題

情報社会化は、国際金融の拡大などとともに、各国経済を緊密にむすびつけ、世界市場の統合も進めた（**経済のボーダーレス化**）。また21世紀は、モノの価値より、**情報などの知的生産物の価値が重要視される経済社会**になる、と考えられている。

しかし、個人に関する情報が当人の知らないところで集められて管理され、当人の許しもなく使われるなど、新たな問題が生まれた。情報化社会では、とくに行政機関や企業に個人情報が多く蓄積されるため、個人のプライバシーの侵害に対しては、**個人情報を保護する法律**などが必要である。

また、マスメディアで情報を人々に送るには、巨額の費用がかかるため、大きな資金をもつ大企業や政府機関だけがマスメディアを利用できることになる。このため、巨大資本や国家による誤った情報や誇張された情報を流す**情報操作**も、大きな問題となっている。

とくに、情報を大量に保有する国家やマス＝メディアが、自分たちの都合のよい情報だけを流したり、情報操作することがあれば、強力な管理社会が出現する危険もある。

通信ネットワークの脆弱性も問題で、コンピューターや通信回線にトラブルが生じると、社会が混乱する。また、回線を通して他人のコンピューターに侵入し、情報を勝手に書きかえたりデータを盗むといった犯罪、あるいはコンピューターウィルスによる犯罪も深刻である。

東京の都心部に企業の多くが支社や営業所を置くようになり、東京は国際的商業活動の拠点となった。そのため、東京から地方に発信される情報量が圧倒的に多く、その逆はきわめて少ない。このことが、**社会の画一化と地方の活力の低下**をもたらしている。

さらに、さまざまなマスメディアや情報ネットワークから入ってくる情報量の多さに、人々は自分の判断を見失うという問題も生まれている。

1-3 高齢化

高齢社会になると何が問題なのか？

1-3-1 家族の変化

かつて家族は農産物の生産などをおこなう経済活動の単位であり、子どもを育て、また高齢者を介護する機能をもっていた。

しかし、欧米先進国と同じように、日本でも、急激な都市化にともなって、それ以前の大家族は解体し、夫婦と子どもだけの**核家族**が増えてきた。その一方で、高齢者だけの世帯が増え、ひとり暮らしの老人が多くなった。このため、高齢者は子どもに頼らず、年金などの社会保障制度に頼ることが増えている。

1-3-2 急激な高齢化

日本では、ほかの欧米先進国以上に人口の高齢化が進んでいる。1980年には総人口の9％だったものが、1990年に総人口の12％、2000年に17.6％が65歳以上という高齢社会になった。2020年には27％、2030年には28％に達すると考えられている。

高齢化は欧米先進国に共通の現象だが、1980年ころ15～16％だったドイツやスウェーデンでも、1990年には15～18％であり、また2030年には25～26％と予想されている。日本の場合は**急速なスピードで高齢化が進んでいる**ことがわかる。

高齢化の原因には、医療や保健の水準が高くなって寿命が長くなったことと、子どもの数が減る少子化による若年人口の減少が上げられる。

1-3-3 高齢化の問題

高齢になると病気にかかりやすく、介護や医療が必要になる。また、高齢者の生活費は本人の貯蓄が尽きれば、誰かが養わなくてはならない。しかし、核家族化が進んだことから家族だけで解決できる問題ではなくなっており、社会全体で医療・介護・生活を支えなければならない。

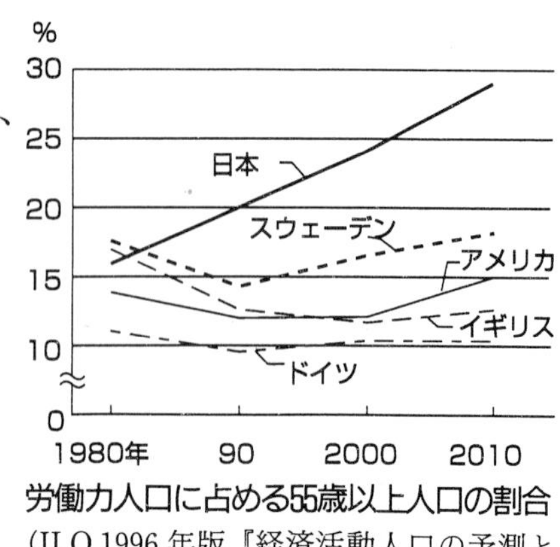

労働力人口に占める55歳以上人口の割合
(ILO 1996年版『経済活動人口の予測と推計』日本は労働省職業安定局推計 1995年6月)

このため、年金や保険制度、介護制度の充実が重要である。しかし、一方で、急速な高齢化のためそうした福祉費用も急増し、働く世代の負担が重くなるという問題がある。そのため、1994年、年金の受給年齢が

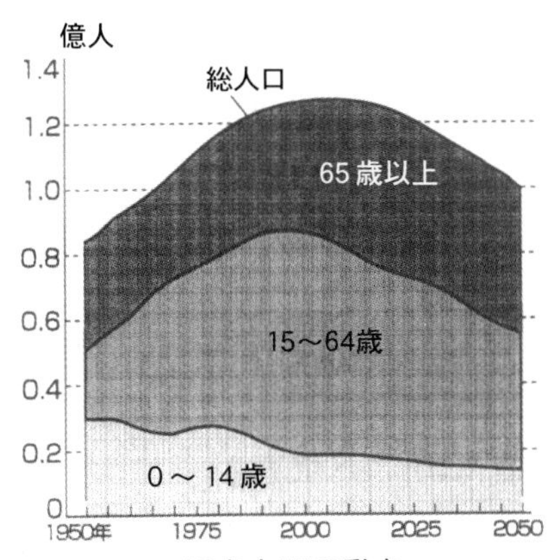

将来人口の動き
(厚生省資料。厚生省による中位推計値〈1997年推計〉。1995年までは実績)

60歳から65歳に引き上げられ、また1983年、老人医療費の増大を防ぐため保健制度が変えられた。

制度を変えるだけでなく、定年制の延長（定年退職する年齢の引き上げ）や高齢者が働ける場所が必要であり、また高齢者が利用できる施設や交通手段の整備など、日本の経済・社会システムを高齢社会にふさわしいものに変えていく必要がある。

1-3-4　介護の充実

介護を必要とする老人の福祉対策は、介護制度を確立する、医療施設・ホームヘルパーを増やすなど、すぐに解決しなければならない問題となっている。1997年に介護保険法が成立したが、まだ解決しなければならない問題が多い。

1-3-5　少子化の問題

日本の出生率は、1973年をピークに減り続けている。合計特殊出生率（一人の女性が一生の間に子どもを生むと仮定した場合の平均出生児率）も、1973年の2.14から1999年の1.34へと下がっている。2.08であれば人口が減るので、日本は急速に少子社会に向かっていることになる。

子どもの数が減れば、若年層の人口が減る。若年層の人口が減り続ければ、やがて**生産年齢人口**（15～64歳の人口）に対して従属人口（14歳以下の年少者と65歳以上の人口の合計）が増え、生産年齢人口が従属人口を養うための負担が大きくなって、日本の経済・社会におよぼす影響は非常に大きい。

1-4 大衆社会

> 大衆社会とはどんな社会か？
> 大衆社会で起こる問題とはどんなものか？

1-4-1 大衆の誕生

産業革命をへて、20世紀の技術革新で、工業生産力が大いに増え、商品が大量生産され、大量消費されるようになった。その結果、人々の生活水準は向上したが、人々は画一的・平均化した商品を手にするようになり、生活スタイルが均質化した。

一方、普通選挙の実現で、すべての人々が政治に参加できるようになり、また、マスコミの発達で、同じような大量の情報が一方的に人々のなかに流れるようになったため、人々の考え方・価値観などが似てくるようになった。

このようにして、20世紀前半には、欧米先進国を中心に、**生活スタイルから生活文化、考え方・価値観にいたるまで均質化した人々**（大衆）が、社会に登場することになった。

1-4-2 孤独な個人

大衆が、政治・文化・消費など社会の中心をしめるようになると、**大衆の興味・関心が社会の動向を左右する**ようになる。そのような社会を大衆社会という。

大衆社会では、人々はかつての共同体でみられたような親密な人間関係はなくなり、孤独な個人となる。かわりに人々は、マスコミの情報などでほかの人とむすびつくようになる。

このため、人々は、自分自身の内部にある良心や信念によってではなく、世論やマスメディアなど、外部のものの意見や行動に影響を受け、同調しやすくなってしまう。

このように、現代人は、世論やマスメディアなど権威あるものに無批判に同調しやすく、自分で判断して行動する主体性に欠けた受動的な人間になりやすい。

1-4-3 大衆社会

大衆社会では、人々の考え方や生活スタイルが均質化しているが、一見すると、これは民主主義とってよいことにみえる。しかし、そうとは言えない。

たとえば、現代の消費環境のなかでは、多種多様な商品のなかから選んでいるようでも、実は大量生産された似た規格品のなかから選択しているにすぎない。しかも、広告・宣伝のやりかたで人々の欲求・需要が左右され、皆が買うから自分も買うという消費行動を生みやすい。

これは政治においても同様で、政治的リーダーが宣伝などで人々の考え方を操作して、その投票行動などをあやつる危険性が常にある。第二次世界大戦前の、ヒトラーが率いたナチス・ドイツがこの典型的な例である。

文化や芸術においては、大衆の興味・関心を引きやすいものが流行するようになり、大衆の好みに合わせた低俗な作品ばかりになってしまうことが多い。

やはり政治においても、大衆は、政治家の信条や政策ではなく、政治家のイメージや容貌で投票などを決めることが多くなる。

政治や社会のシステムが巨大になり複雑になるにつれて、孤独な個人では政治や社会の動きを理解することができなくなる。すると、社会に関係している実感がうしなわれ、そのため政治に無関心になったり、現実から逃げるようになる。

1-4-4　大衆操作

何を意図しているのか大衆に気づかれることなく、大衆を自分の望む方向に誘導することを、大衆操作という。

現代国家では、国家権力や支配者がマスコミを利用して、大衆を味方に引き入れたり、あるいは政治的無関心におちいらせたりすることが、しばしばおこなわれる。

はっきりと大衆操作があらわれるのが、発展途上国にしばしば見られるクーデターである。クーデター首謀者は、政権をにぎると同時にテレビ局を占拠し、マスコミのもつ影響力の大きさを利用して、自分に有利な政治状況をつくり、権力保持をはかろうとする。

1-5 多文化理解

世界の主な文化圏、宗教とは何か？
多民族・多文化国家にはどんな国があるか？

1-5-1 文化理解

世界各地で紛争が続いているが、ほとんどの紛争は、宗教・民族・言語・生活様式などの違いによる憎悪や利害対立が原因である。平和な世界を実現するためには、たがいの文化を理解・尊重しあい、友好につとめるべきである。

1-5-2 文化圏

文化圏とは、共通した宗教・言語・生活様式など伝統的な文化要素をもつ地域のことで、世界の文化圏は大きく4つに分けることができる。

東アジア文化圏は、中国と中国文化の影響を受けた周辺の国々からなる文化圏である。中国・日本・韓国・ベトナム・モンゴルなど、中国で生まれた漢字・儒教・道教・法制度や仏教を文化のベースとして共有しており、また今日でも人々は儒教の倫理観の影響を受けつぎ、勤勉で貯蓄の精神を持っているのが特徴である。

インド文化圏は、ヒンドゥー教を信仰するインドの文化圏である。古代にはゼロを発見し、仏教をおこした。イスラム勢力の影響や近代におけるイギリスの植民地化などで混乱した時期もあり、民族・言語・宗教など複雑で多様な文化を特徴とする。

イスラム文化圏は、イスラム教を中心とするアフリカ大陸北部からアラビア半島、インドネシアにまで広がる文化圏である。中世には、科学・文学・宗教が発達し、ヨーロッパ世界に強い影響をあたえた。

ヨーロッパ・キリスト教文化圏は、古代ギリシャ・ローマの古典文化と1世紀におこったキリスト教文化が融合し、ヨーロッパ大陸で形成された文化圏である。近代に入って南北アメリカなどに拡大し、また近代科学・自由主義・資本主義経済などを生みだして、ほかの文化圏に大きな影響をあたえた。

1-5-3 世界の宗教

世界に大きな影響をあたえた宗教には、仏教、キリスト教、イスラム教などがあるが、とくにこの3つの宗教は、人種や言語の壁をこえて多くの民族の間に広まり、**世界宗教**と呼ばれている。

仏教は、紀元前5世紀ころ、インドで、悟りを開いたガウタマ＝シッダールタ（ゴータマ・シッダッタ）がおこした宗教で、悟りを開いてブッダ（仏陀、悟った者）になることをめざす。仏教は、キリスト教やイスラム教と異なり、神から啓示をさずかる啓示宗教・一神教ではない。インドから南に伝わった南伝仏教（小乗仏教）と、インドから北に伝わった北伝仏教（大乗仏教）とに大きく分けられる。

現在、スリランカ（セイロン）・東南アジア・中国のチベット・モンゴルで信仰され、中国・日本・韓国にも信者は多い。仏教が生まれたインドでは、現在、仏教徒は非常に少ない。

キリスト教は、パレスティナの地でイエスの教えがもとになって生まれた宗教で、「自分を愛するように、あなたの隣人を愛しなさい」という隣人愛と、神への絶対服従を説く。イエスの説く無差別の愛・無償の愛は、民族や国家という枠をこえて広まった。

現在、ヨーロッパと南北アメリカに広く信者が分布し、カトリック・プロテスタント・ギリシャ正教などがある。

イスラム教は、7世紀初めころ、アラビア半島に生まれたムハンマド（マホメット）が、神アッラーから啓示を受けて始めた宗教である。唯一絶対、全能の神アッラーへの絶対服従やメッカへの巡礼が説かれる。啓示を記した書物を『コーラン』といい、偶像崇拝が禁じられる。イスラムでは、日常生活が宗教生活であり、また僧侶や神父のような聖職者がいない。

他の宗教に比べて教義に厳格な原理主義がさかんで、なかでも1990年代後半から2000年代初頭にかけてアフガニスタンを実質的に支配したタリバンは世界の注目をあつめた。

信者（ムスリム）は、現在でも増加しており、その数は約5億5千万人で、西アジアを中心に、北アフリカから東南アジアまで広い地域に分布する。おもな宗派として、スンニー派とシーア派がある。

民族宗教としては、ユダヤ教やヒンドゥー教、日本の神道、中国人の道教などがあげられる。

ユダヤ教は、モーセ（モーゼ）に授けられた十戒と律法（トーラー）を宗教戒律とするユダヤ人の民族宗教である。キリスト教徒が『旧約聖書』と呼ぶ書物を教典としている。キリスト教はこのユダヤ教から生まれた。

ヒンドゥー教は、インドで信仰される民族宗教で、自然崇拝を特徴とする多神教である。インドネシアのバリ島でも信者が多い。

1-5-4　多文化主義

スイスやベルギーなど、国内に複数の民族が共存する**多民族・多文化国家**は、おたがいに民族文化を尊重し、平和的に共存している。

カナダでは、国民の60％が英語、25％がフランス語を母国語としている。宗教も異なり、英語を話す人々はプロテスタント、フランス語を話す人々はカトリックである。し

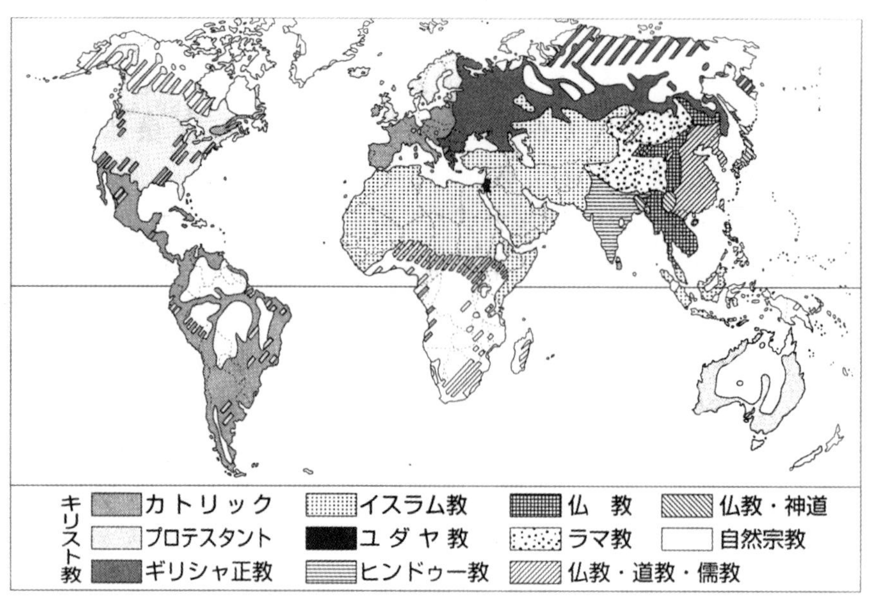

世界の宗教分布（『DIERCKE WELTATLAS』による）

かし、カナダ連邦政府は、2つの言語を公用語とし、フランス系住民が多く住むケベック州に大幅な自治権を認め、少数派の権利を尊重している。

オーストラリアはかつて、有色人種をしめだす白豪主義をとっていた。しかし、第二次世界大戦後、世界中の国々から移民を受け入れるようになり、英語以外の少数派民族言語の教育をおこない、少数派民族の文化を紹介する国営テレビ局を設置するなど、移民たちの固有文化を尊重する多文化主義の政策をとるようになった。

日本では、明治時代の脱亜入欧思想（アジアから脱して欧州の仲間入りをするという思想）や、第二次世界大戦の時期のアジア侵略などにみられるように、アジアの人々や文化を軽視したことがあった。日本が国際社会で生きていくには、そして、世界が平和であるためには、異なる文化を対等なものとして理解し、共存しようと努力することが重要である。

1-6 生命倫理

医療の現場における人権とは何か？
医療技術の進歩によってどんな問題が生まれたか？

1-6-1 患者の人権運動

欧米の病院では、患者の人権運動が展開されたため、早くから患者と医師との関係は平等であるという考え方が根づき、1970年代の初めころには、**生命倫理**（バイオエシックス）が生まれた。

近年、医療技術の急速な進歩で、この生命倫理の問題がより複雑になった。医療技術の進歩は、病気の治療や生命の延長に大きく貢献しているが、これまでの考え方では解決できないような多くの問題も生みだした。

たとえば、**脳死・臓器移植・遺伝子操作・生殖技術**などの問題である。人間の死とは何か、人格をうしなった人間は人間なのかという、医学だけでは解決できない問題を含んでいる。

1-6-2 脳死

今まで、人間の死は、呼吸停止・心臓停止・瞳孔拡大の3つの徴候によって決められてきた。しかし、人工呼吸器の登場によって、脳の機能が停止しても呼吸と心臓の機能を維持できるようになった。心臓が停止する前に脳の機能が停止する脳死という状態が、生まれたのである。

脳死の状態になれば、どんな治療もむだで、心臓の停止、つまり死を待つだけである。このような脳死は人間の死と同じであるという考え方は、早くから欧米では一般的になった。

1-6-3 臓器移植

脳死は、その人間の死であるという基準を社会が受け入れるなら、患者や遺族の合意のもと、脳死の人の臓器を移植して、ほかの人の生命を延長できる可能性が出てくる。

しかし、ここで脳死の判定が大きな問題となる。脳死の判定はきわめて難しく、また一般の人にとって、脳死をその人の死と受け入れにくい、という問題点もある。

1-6-4 尊厳死

医療技術の進歩により、多数の管につながれた状態や植物人間の状態で、長く生きていることもできるようになった。しかし、すでに意識がない状態で生きていることは、人間らしい生活とはいえない。

そこで、人間らしい生活ができなくなった場合、延命を望まず、人間らしく死にたいという考えが、クローズアップされるようになった。

自分で自分の死を決定する権利はあるのかどうかという、尊厳死の問題である。

尊厳死は意識のない人を対象とするので、意識がはっきりしているうちに、その意思を確認しておく必要がある。

一方、意識があって、苦痛に苦しんでいる患者が、人間らしい死を望むのが、**安楽死**の問題である。

このような問題は、近年、日本でも広く論議されるようになった。

1-7　自由と平等

自由とは何か？
平等とは何か？
自由と平等は社会にどのように関わっているか？

1-7-1　人権

近代市民革命によってたてられた政府は、基本的人権の保障こそ民主政治の根本目的だとし、この人権保障という目的を達成するため、国民主権の原理に基づいた民主主義体制を確立した。

なかでも、民主政治の目的である人権思想をよくあらわしているのが、**フランス人権宣言**である。

「第一条　人は、自由かつ権利において平等なものとして出生し、かつ生存する。」

近代に入って、すべての人間の自由と平等であるという人権思想が生まれた。自由と平等こそが民主主義の基盤なのである。

1-7-2　自由

個人の自由な行動は、ほかの人とのかかわり（社会）のなかで、自由な行動となる。そのため、個人の自由な行動は、**ほかの人に対して、自由な行動の結果に責任をとらなければならない。**

責任を負わなければならないという義務感は、大きな心理的な負担になる。そのため、責任を放棄し、すべてを他人に任せて、他人に従うことは、心理的に楽である。これは「**自由からの逃走**」といわれる現象で、大衆がこのような行動を取るとき、権力者に社会をゆだねてしまうファシズムの支配を許すことになる。

1-7-3　平等

人が自由であるためには、責任を負う能力をもつ自律した人間であることが必要である。求められる義務とは、**ほかの個人の人権を尊重する**ことである。

このような人権思想にたつなら、人種・性別・言語・皮膚の色・宗教そのほか、どんな理由であれ、個人を差別してはならないことになる。差別は、その人の心とからだを傷つけ、人権が保障する人間らしい生活をさまたげるからである。人権が守られる社会とは、差別のない、すべての人が平等である社会ということになる。

第二次世界大戦後、このような人権思想の高まりを受けて、1948年に国連で採択された**世界人権宣言**（Universal Declaration of Human Rights）は、すべての人間の自由と、人としての尊厳・権利についての平等を定めている。

1-7-4　奉仕

自由であろうとするなら、人は社会に対し責任を負わなければならない。それは、政治・社会問題に積極的に関わり、参加することである。

最近、障害者福祉・消費者運動・環境問題から、国際的な難民問題・地球環境問題・発展途上国への支援など、さまざまな社会問題の解決に大きな役割をはたしているのが、ボランティア活動や民間の非営利組織（ＮＰＯ）である。いずれも、このような考え方から生まれたものである。

復習しよう

＊できなかったところは、もう一度復習しよう。

問 1　都市の中心部に住む人口が減り、周辺部に住む人口が増える現象は何というか。正しいものを、次の①〜④のうちから一つ選びなさい。(☞ 1—1—2)

①スプロール現象　　②Ｕターン現象
③ドーナッツ化現象　　④Ｊターン現象

問 2　大都市の過密化を解消するため、政府はどんな政策を進めているか。最も適切なものを、次の①〜④のうちから一つ選びなさい。(☞ 1—1—5)

①大都市の再開発をやめて住環境を悪化させ、人口を地方に分散させる。
②大都市の公害問題を解消し、住環境をよくする。
③大都市の再開発を進め、首都機能を東京に集中させる。
④衛星都市や研究学園都市などの形成を促進させる。

問 3　治療のみこみのない末期の患者に対して、延命の治療を行わず、人間としての尊厳を保ちながら死を迎えさせることを何と言うか。正しいものを次の①〜④のうちから一つ選びなさい。(☞ 1—6—4)

①脳死　②自然死　③安楽死　④尊厳死

問 4　現在、日本の社会では人口の高齢化が急速に進んでいるが、ほかにどのような問題が進行しているか。正しいものを、次の①〜④のうちから一つ選びなさい。(☞ 1—3—5)

①少子化　　②交通事故死の急増
③多産多死　　④人口爆発

問 5　大衆社会についての文として正しいものを、次の①〜④のうちから一つ選びなさい。(☞ 1—4—3)

①大衆社会は、マスコミに左右されにくい健全な社会である。
②大衆社会は、個性的で独立した個人からなりたっている。

③大衆社会では、マスコミを利用して大衆を自分の望む方向に誘導することは難しい。
④大衆社会の文化は、大衆の関心・興味を引こうとする低俗なものになりやすい。

問 6　世界宗教についての文として正しいものを、次の①〜④のうちから一つ選びなさい。(☞ 1—5—3)

①仏教は中国で生まれ、東アジア諸国に広まった。
②ユダヤ教は、人種・民族・言語の壁をこえて広まった世界宗教である。
③イスラム教は、3つの世界宗教のうちで最も遅く成立した。
④キリスト教はヨーロッパで生まれ、世界に広まった。

問 7　日本の都市問題についての文で最も適切なものを、次の①〜④のうちから一つ選びなさい。(☞ 1—1—1、2)

①地価が高く、通勤ラッシュが激しく、交通渋滞もひどい。
②居住環境がよく犯罪も減少していて、とても暮らしやすい。
③大気汚染や水質汚濁などの問題はすべて解決している。
④近年、人口減少が急速に進んでいる。

問 8　日本で進んでいる人口の急速な高齢化についての文として最も適切なものを、次の①〜④のうちから一つ選びなさい。(☞ 1—3—2)

①欧米先進国は、かつて日本以上に急速な人口の高齢化を経験した。
②老人福祉の費用を支える人々の負担が、急速に増えている。
③高齢化が進むと、社会が安定して犯罪も減り、そのため経済力が高まる。
④高齢化の問題とともに、人口の低年齢化も大きな問題である。

問 9　近代市民革命を通して人類が見いだした最大の理念として最も適切なものを、次の①〜④のうちから一つ選びなさい。(☞ 1—7—1)

①すべての人間の自由と平等　　②すべての人間の能力と限界
③すべての人間の自由と責任　　④すべての人間の平等と義務

2-1 経済の基礎

資本主義はどのように生まれてどのように発展してきたか？
資本主義の現在の状況と問題点

2-1-1　経済とは

毎日の生活は、食べ物・衣服など、ざまざまなものを消費することでなりたっている。ほとんどのものは、買うことで手に入れるが、買うにはお金がいる。そのお金を手に入れるには、労働しなければならない。

一方、欲しいもの（流通やサービスも含めて）をお金で買えるためには、誰かが生産していなければならない。

このように、人の欲求を満たすためにくりかえしおこなわれる生産・分配・消費を、経済という。

2-1-2　労働と分業

消費者が欲しがるものやサービスは、さまざまなので、一人でそのすべてを作ることはできない。そこで、人々は労働を分担し、協力しあって生産する。生産されたものを交換することで、人々はおたがい必要なものを手に入れることができる。

このように**社会全体で分業をおこなう**ことで、人類の経済活動は大きく発展してきた。

2-1-3　産業革命と資本主義

資本主義経済とは、①生活に必要なものを生産する工場・機械設備・原材料、あるいは土地などの生産手段を私有する制度（**私有財産制**）、②**利潤追求の自由**、③**自由競争**、④市場で価格が決定する**市場経済**、⑤**労働力の商品化**などを特徴とする。

資本家が労働者を雇って企業を経営する。その企業は、市場で自由競争をおこない、経営の合理化や大量生産などによって生産コストの引き下げにつとめる。市場での企業が利潤を求める自由な経済活動によって、社会全体の経済が発展する。

このような資本主義社会は、18 世紀後半から 19 世紀前半にかけて進んだ産業革命によって、イギリスで初めて成立した。

2-1-4　独占資本主義

資本主義社会では、不景気と好景気をくりかえし、企業の倒産、労働者の失業と貧困、資本家と労働者の対立などが激しくなって、大きな社会問題となった。経済学者の**マルクス**らは資本主義経済の分析から、社会主義・共産主義に基づく経済体制をとなえた。

おくれて産業革命が起こったアメリカやドイツでは、第一次世界大戦前には、イギリスを上回る工業国になり、巨大企業が発展した。その結果、資本の集中が進み、おもな産業では少数の企業が産業を独占した。その状態をカルテル（企業連合）、トラスト（企業合同）、コンツェルン（企業連携）という。

カルテルとは、複数の同種の企業が、価格・生産量などについて協定をむすぶこと。**トラスト**とは、複数の同種の企業が合併や吸収で一つの企業にまとまること。**コンツェルン**とは、持ち株会社または銀行を頂点にして、二つ以上の企業が株式（資本）を通じてむすびつくこと。同族を中心としたコンツェルンは、日本や韓国では**財閥**と呼ばれる。

2-1-5　資本主義の変容

18 世紀、イギリスの経済学者**アダム＝スミス**は、経済に対する政府の介入は、市場にとって邪魔であると考えて、「小さな政府」や「夜警国家」、自由放任主義をとなえた。この考え方は、とくに 19 世紀において、資本主義社会の基本的な国家観となった。

［**夜警国家**］　国家は、国防と治安維持、外交だけをおこない、国民生活に介入せず、経済活動などは市場の自由にまかせておくべきだという国家観。

ところが、1929 年から始まった**世界恐慌**は、世界の資本主義経済に大きな危機をもたらした。イギリスの経済学者**ケインズ**は、有効需要の不足が不況の原因だとし、政府が財政・金融政策によって有効需要を増やすよう、経済をコントロールすべきだと主張した。

ケインズの説は、**修正資本主義**と呼ばれ、第二次世界大戦後、多くの国で取り入れられ、政府は経済や社会保障・社会福祉で重要な役割を果たすようになった。

2-1-6　法人資本主義と経済のグローバル化

企業には、法人企業と個人企業がある。個人企業では出資者は一人だが、法人企業では出資者が二人以上おり、その典型は株式会社である。会社は、社債や株式などを発行して資金を調達する**直接金融**と、銀行など金融機関から資金を借り入れる**間接金融**とで、資金をまかなう。

とくに、日本の企業の多くは自己資本が少ないため、銀行からの借入金（間接金融）によって設備投資の資金をまかなっている。これを支えているのは、国民の貯蓄好きの気質である。

株式会社の出資にともなう責任は、出資金の範囲までと限定される（有限責任）。株式会社では、株式の所有者（proprietor、株主）と会社の経営者（manager）は、別の人であることが多く（所有と経営の分離）、その最高意志決定機関は株主総会だが、実質的には取締役会になっている。出資に対しては、配当という報酬が払われる。

現在の資本主義経済を特徴づけるのは、大企業体制である。株式会社の大企業が、生産活動において大きな役割を果たしているので、**法人資本主義**と呼ばれる。

第二次世界大戦後、アメリカを中心に、企業を買収したり合併して巨大化した企業結合であるコングロマリット（複合企業）があらわれ、また複数の国に資産をもつ巨大企業の**多国籍企業**も生まれ、**経済のグローバル化**が進んでいる。

2-1-7　戦後日本経済のあらまし

第二次世界大戦で、日本経済は壊滅状態におちいり、戦後も経済の混乱が続いた。しかし、1955年の朝鮮戦争のおかげで日本経済は立ち直り、それから約20年間、**高度経済成長**と呼ばれる急速な経済成長を続け、1968年にはアメリカにつぐ資本主義世界で第2位の経済大国になった。

1973年に起こった第一次石油危機をきっかけに、日本の高度経済成長は終わり、そのころから不景気と物価上昇が同時に進むスタグレーションにおちいった。

技術革新を進めるなどした結果、1980年代前半には、日本経済はゆっくりと回復した。1980年代後半に入ると、地価（土地の価格）や株価が急激に上がり、**バブル経済**と呼ばれる好景気が続いたが、1990年代に入ると、地価や株価は急速に下がり、生産が後退して、平成不況と呼ばれる長い経済不況の時期となった。

2-2 市場経済体制

市場経済のしくみはどうなっているか？
市場経済の問題点とは何か？

2-2-1 商品経済

生活に必要なさまざまなものやサービスは、人の労働によって生産される。現代の経済社会では、これらのものやサービスは、人に売る商品として生産される。

消費者はお金を出して商品を買うが、**生産者**から消費者への商品の流れを**流通**という。消費者は、直接生産者から買うことは少なく、**小売業者**（商人）から買う。**卸売業者**は生産者と小売業者の間に立ち、小売業者は卸売業者と消費者の間に立ち、両者ともに商品を輸送したり倉庫に保管したりする。

この生産・流通・消費の流れは、すべて商品を売買するという形態をとるので、商品経済という。

商品経済では、商品は取り引きの場（市場）で、お金（貨幣）で売買される。そのため、商品経済は**市場経済**（マーケット・エコノミー）とも呼ばれる。

2-2-2 価格メカニズム

自由競争がおこなわれる市場では、売り買いされる商品（財）やサービスの供給量が、需要量を上回れば、売れ残る。すると、生産者は売れ残りを売るため、その価格を下げる。そうすると利潤が減るので、供給（生産）を縮小することになる。

逆に、需要量が供給量（生産量）を上回れば、生産者は価格を上げても売れるので価格を上げる。そうすると利潤が増えるので、生産を拡大することになる。

このように、**需要**と**供給**によって変わる商品価格を、**市場価格**という。そして、価格が変わって、需要量と供給量がつりあう水準に、商品の価格と数量が決まっていくことを、**価格の自動調節機能（価格メカニズム）**という。このメカニズムを、経済学者の**アダム＝スミス**は「**見えざる手**」と呼んだ。

2-2-3 需要と供給

買い手（消費者）は、商品の価格が安ければ多く買い、価格が高くなると買う量を減らす。この関係を示すのが、需要曲線である。

一方、売り手（生産者）は、価格が高くなると利益を増やすため生産量を増やすが、価格が下がれば生産量を減らす。この関係を示すのが、供給曲線である。

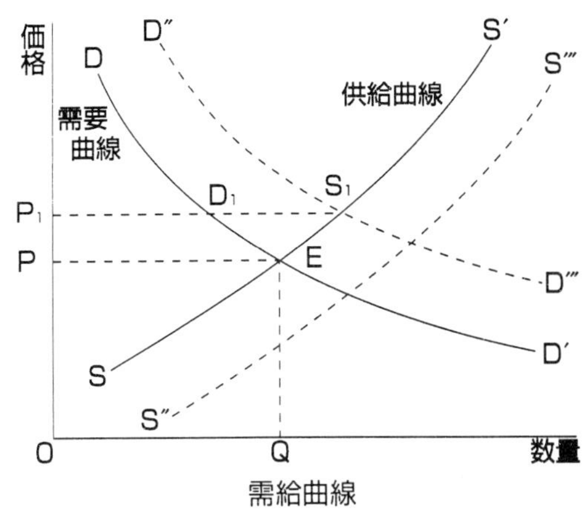

需給曲線

左の図では、両曲線の交点（交わる点）Eで需要と供給は均衡する。そのときの商品価格はP、その数量はQである。

今、供給量がP_1S_1、需要量がP_1D_1であると、D_1S_1だけ売れ残りが生じる。この売れ残りをなくそうとする力が働いて、価格がP_1からPに下がり、均衡することになる。

技術革新などで生産のコストが下がると、S″S‴曲線となり、国民の所得が増えて需要が増えると、D″D‴曲線となる。

供給量が一定の時、需要が増えると価格は上がり、需要が減ると価格は下がる。需要が一定の時は、供給が増えると価格は下がり、供給が減ると価格は上がる。このように、価格は需要と供給の関係で決まり、これを**需要・供給の法則**という。

2-2-4　自由競争

価格メカニズムがうまく働いている市場の働きは、**市場メカニズム**と呼ばれる。市場メカニズムがうまく働くには、競争がおこなわれていなければならない。

市場には、売り手（生産者）と買い手（消費者）がいて、売り手は複数の買い手のなかから売る相手を選び、売り手は複数の売り手のなかから買う相手を選ぶ。相手から選ばれるために、商品の品質・価格・数量の3点で、競争相手より有利になるよう努力する。

市場メカニズムは、競争相手が多いほどうまく働く。売り手と買い手が多数いて、それら（売り手や買い手）に規模の差がないなら、その市場では**自由競争**がおこなわれていると言える。

2-2-5　寡占・独占

自由競争に対して、商品を供給する者が少数である状態は**寡占**と呼ばれ、供給する者が一人の状態は**独占**と呼ばれる。ただし、寡占の状態でも、競争がおこなわれていれば、少数の企業は**市場占有率（マーケットシェア）**を高めるため激しい競争を展開する。

しかし一般に、寡占状態が進むと、価格競争が弱まり、生産者の求める価格が市場に押しつけられるようになる。このような価格は管理価格と呼ばれ、同業者が協調して同じ価格を付け、市場に押しつける価格を、**カルテル価格**という。独占状態では、生産者から価格が押しつけられ、その価格が**独占価格**と呼ばれる。

このような寡占・独占の弊害を除き、競争を促して市場メカニズムがうまく機能するよう、各国とも独占禁止政策をとっている。日本では**独占禁止法**が制定されている。

2-2-6　市場の失敗と政府の役割

価格の自動調節がうまく働かず、寡占・独占などによって市場の自由にまかせておくことができなくなることを、**市場の失敗**（market failure）という。自由競争ができなくなると、買い手に不利な状態となり、市場の失敗は起こる。

消防・警察のサービスは、利用者を特定して利益を上げることは難しく、私企業では経営がなりたたない。公園・道路・堤防などの公共財の供給も、全員から利用料金を取ることはできず、そこから利益を上げることも難しいので、やはり私企業では経営はなりたたない。そこでは市場が成立することがないので、市場の失敗ということになる。

また、駅ができて地価が上がるともうかる者が出る、といった市場外の第三者に対して経済的影響が出てしまう外部経済や、企業の生産活動によって出る公害で被害を受けるといった外部不経済なども、市場の失敗である。

政府・地方自治体は、私企業による経営がなりたたない市場の失敗をおぎなうために、公園・道路・堤防などの社会資本の供給や、消防・警察などの公共サービスの供給・運営をおこなわなければならない。

2-2-7　景気循環

資本主義経済では、企業は見こみで商品を生産しており、市場による価格の自動調節機能で、社会全体の生産量が調整される。

そのため、商品がよく売れて経済活動が活発になる**好景気**の時期と、逆に売れないため経済活動が落ちこむ**不景気**の時期が、交互にくりかえされることになる。このような景気の変動、つまり好景気と不景気のくりかえしを景気循環と呼ぶ。

景気変動には、景気の**好況**（好景気）・**後退**（急激な後退は**恐慌**と呼ぶ）・**不況**（不景気）・**回復**の 4 つの局面があり、これが周期的にくりかえされる。

景気の谷底である不況期には、商品が売れず価格が下がるため、企業は労働者を減らし、生産量を減らす。不況がひどくなると、企業の倒産も増え、失業者が増える。

逆に、景気の山である好況期には、企業は生産設備を増やして、労働者をやとい、生産を増やす。このため、失業者は減り、労働者の賃金はあがり、消費もさかんになる。

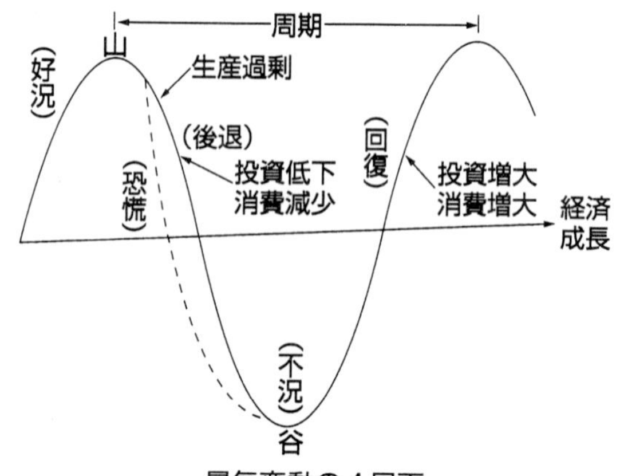

景気変動の 4 局面

2-3　計画経済体制

社会主義とは何か？
計画経済の問題点とは何か？

2-3-1　社会主義思想

19世紀における資本主義経済のもとでの経済発展で、景気変動や労働の非人間化、労働者の困窮が生じたので、資本主義を批判する社会主義思想が生まれた。

マルクスの社会主義思想は、後世に大きな影響を与えた。彼は、労働力の商品化に基礎をおく資本主義経済は、発展するにつれて内部矛盾がますます大きくなり、やがて立ちゆかなくなってプロレタリア革命によって打倒されると説き、社会主義体制のもとでの計画経済の実現を主張した。

2-3-2　計画経済

1917年に**ロシア革命**が起こり、1922年には社会主義国家、**ソヴィエト連邦（ソ連）**が誕生した。ソ連は、1928年に第一次5か年計画を実施し、そののちも計画経済を続けた。第二次世界大戦後には、ソ連の影響をうけて東欧・中国でも社会主義国家がつぎつぎに生まれた。

計画経済とは、工場や農場などの生産手段は国有または集団所有であり、自由競争は認められず、政府のたてる計画に基づいて生産がおこなわれる経済のことである。

利潤は、すべて国または集団のものとされ、私的な利潤は認められない。国民の需要に基づいて生産されるので、生産過剰による資源の浪費を防げる。価格は、政府が品目ごとに、生産量と国民の購買力、需要の状況を分析・評価して、決定される。

このため、計画経済をとる社会主義国では、景気の変動がないのが特徴である。

2-3-3　社会主義国家

社会主義諸国は、経済発展をうながすため、重化学工業に重点をおいた工業化政策をおしすすめた。そのため、とくにソ連は、1937年、工業生産ではアメリカにつぐ世界第2位となった。

農業でもソ連では、**集団農場（コルホーズ）**や**国営農業（ソフホーズ）**による**集団経営**がおこなわれるようになった。一方、第二次世界大戦後に成立した中華人民共和国では、**人民公社**が農業の集団経営をめざした。

しかし、計画経済特有の、計画を立てる当局や生産現場の企業の官僚主義的な能率の悪さ、計画の不完全さによって物不足が生じ、労働者の労働意欲の停滞などが表面化して、計画経済の弊害が強くあらわれるようになった。

ソ連は、一部に利潤追求をとりいれるなど生産性の向上をはかったが、1970年代後半になると、経済的にゆきづまった。

そののち、政治・経済の自由化（**ペレストロイカ**）がおこなわれたが、1990年前後になると、社会主義諸国の政治・経済体制は、急速に崩壊した。

体制が崩壊しなかった中国は、市場経済システムをとりいれた「**社会主義市場経済**」により、高い経済成長をとげることになった。

2-3-4　国際化する市場経済

計画経済をやめた旧社会主義諸国は、市場経済をとりいれて、資本主義経済へと経済の体制を改めた。こうして、市場経済は世界共通の経済的原則となった。

しかし、1970年以降、日本を始めとするアジア諸国が経済成長するにしたがって、欧米諸国との間に激しい**経済摩擦**が起きた。

経済摩擦が国際紛争となるのを防ぐために、**GATT**（**ガット**、General Agreement on Tariffs and Trade、**関税と貿易のための一般協定**）・**国際通貨基金**（International Monetary Fund、ＩＭＦ）・**世界銀行**が中心となって、国際的な経済活動の自由化をおしすすめた。

1995年には、ガットにかわって**ＷＴＯ**（World Trade Organization、**世界貿易機構**）が設立され、自由な市場経済の確立に向けて活動を展開している。

2-4 経済成長

> 経済成長はどのように計るか？
> 日本の経済成長はどのようなものだったか？

2-4-1 国民総生産（ＧＮＰ）

１年間に国民が生産した最終生産物あるいは付加価値の総計を、**国民総生産**（**GNP**、Gross National Product）という。また人口で割った"一人当たり国民所得"は、国民の生活の豊かさを示す指標となっている。

このＧＮＰは、その国の国民が生産した価値であるため、海外で働く日本人がそこでえた賃金を日本に送金した場合も、ＧＮＰに含まれてしまう。そこで国際化の進んでいる今日、国を基礎にして生産額を計算する**国内総生産**（**ＧＤＰ**、Gross domestic Product）が用いられるようになった。海外からの労働者の多いヨーロッパ諸国で、ＧＤＰを採用する国が多い。日本でも、1993年から採用されている。

このほか、ＧＮＰから、企業などが古い設備を新しくするために使われる減価償却費を差し引いた額を、国民純生産（ＮＮＰ）といい、それから消費税などの間接税と政府からの補助金を差し引いた額を、国民所得（ＮＩ、National Income）という。

ＧＮＰは、国民の生活の豊かさをあらわしているとは限らない。そこで、国民の福祉を総合的に示す指標として、ＮＮＷ（国民純福祉）が使われるようになった。

2-4-2 経済成長

労働人口が増え、生産設備の規模が拡大すると生産も増えるため、ＧＮＰは拡大する。このＧＮＰの増加を、つまり一国の経済活動が年々拡大する状態を、経済成長といい、その増加率を**経済成長率**という。

経済成長率は、本年度のＧＮＰから昨年度のＧＮＰを引き、その値を昨年度のＧＮＰで割って、100をかけて計算する。

ところが、現在の経済では、商品の価格はたえず変動しているため、正確な経済成長率がえられない。そこで、価格の変動を指数化して、経済成長率を補正する必要がある。補正前の経済成長率は**名目成長率**、補正後を**実質成長率**と呼ぶ。

2-4-3 日本の高度経済成長

日本の経済は、1955年ころから、日本の奇跡と呼ばれる高度経済成長を続け、第一次石油危機で不況となる1973年まで続いた。この時期の実質経済成長率は、年平均で10

%台に達し、1955年から15年間で日本のＧＮＰは、4.2倍に増えた。

この高度成長時代に、日本では重化学工業の生産力が増え、1968年には資本主義国でアメリカにつぐ第2位の経済大国になった。

日本がこのような経済成長をとげることができた要因は、労働力が豊富だったこと、石炭から石油へのエネルギー革命のもとで大量のエネルギーが安く供給されたこと、技術革新が次々導入されて設備投資がさかんにおこなわれたこと、すでにＩＭＦやGATTによる国際的な自由貿易体制が確立していたこと、などがあげられる。

2-4-4　低成長時代へ

1970年代に入ると、順調に成長を続けていた日本経済は大きな曲がり角にさしかかった。

1971年には、ニクソン＝ショックによって、それまでの１ドル＝360円とする為替レートが廃止されて、円が切り上げられ、1973年以降は、**変動相場制**へ移行した。

さらに、その年に起こった第四次中東戦争をきっかけに、OPEC（石油輸出国機構）などが原油の生産制限と価格の大幅引き上げをおこなった（**第一次石油危機**）。

日本経済は、輸出産業がその影響を受け、狂乱物価と呼ばれる物価急騰で混乱し、**1974年にマイナス成長となって高度成長は終わった**。失業率は上昇し、不況とインフレーションが発生した。

石油危機の影響を受けた日本・アメリカ・イギリス・フランス・ドイツ・イタリア・カナダは、1975年以降、**主要国首脳会議（サミット**、summit）を開催し、世界経済と各国経済の安定した成長のため、経済政策を協調・調整するようになった。

1979年、イラン革命をきっかけに第二次石油危機が起こったが、こののち、日本経済は、第二次産業にかわって、第三次産業の割合が大きくなった。マイクロエレクトロニクス（ＭＥ）技術や省エネルギー技術の開発などによって不況を切りぬけ、サービス業や情報化を支えるソフトウェア産業などの知識集約型サービスが、経済の中心となった（**経済のサービス化とソフト化**）。また、産業構造も、それまでの石油依存型から省資源・省エネルギー型に変わった。

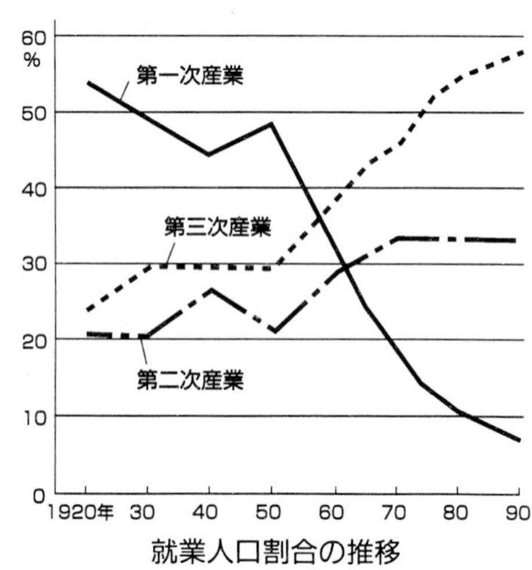

就業人口割合の推移

（『数字でみる日本の100年』改訂第3版などによる）

2-5 自由化・規制緩和

> 国際貿易体制のしくみとは？
> 日本の自由化・規制緩和とそれにともなう問題とは何か？

2-5-1 国際貿易体制

1944年の**ブレトン＝ウッズ協定**によって、その翌年、**国際通貨基金（IMF）**と**国際復興開発銀行**（IBRD、**世界銀行**ともいう）が設立された。これは第二次世界大戦後の世界貿易体制の基礎となった。

また戦後、世界経済を再建するため、1947年、ジュネーブでアメリカやイギリスを中心に、**GATT（関税と貿易のための一般協定）**が調印された。GATTは、自由貿易を推進し、関税の引き下げと貿易上のさまざまな制限を撤廃することを目標とする。これによって、国際貿易は拡大し、各国の雇用が増え、生活水準が高くなった。

1961年に成立した**OECD（経済協力開発機構）**が、資本の自由化をとなえたので、資本の自由化は世界経済の基本原理となった。

2-5-2 日本の自由化

戦後、貿易競争力の弱い日本では、先進国なみに貿易を自由化すれば、国内産業が壊滅するおそれがあるので、貿易上いろいろな制限を設けて、国内産業を保護していた。

しかし、欧米から貿易・為替の自由化が求められると、1960年、政府は自由化を決定した。自由化率は、1960年の44％から、1981年の99％へと高まった。さらに、外国企業の国内への直接投資など資本の自由化も、1967年以来、進められた。

しかし、国際競争力を増した日本は工業製品をさかんに輸出したため、欧米諸国との貿易摩擦が生まれ、日本は大いに非難を受けた。とくに、1989年以来、アメリカは**日米構造協議**で、日本の諸制度や経済構造を問題にし、さまざまな**規制の緩和**や自由化を求めるようになった。

2-5-3 日本経済の高コスト体質

一方、1985年、**プラザ合意**をきっかけに、円高が急激に進んで不況（**円高不況**）となり、そのころから、輸出に頼る日本経済は国際競争力が低下してきた。

このため、企業は生産コストの安い海外へ工場を移すようになって、国内の工場が減り、また安いアジア産の輸入品で物価が下がった（**価格破壊**）。

政府は、日本の規制の多さと高コスト社会を見直すため、「規制緩和推進計画」をおし進めるようになった。

日本の金融市場の閉鎖性や各種規制のため、国内外の金融機関が活動の場を海外へ移すという、金融の空洞化も問題となった。このため、1980年代には**金融の自由化**が進められ、銀行以外の会社（証券会社や保険会社など）も銀行業務をおこなえるようになった。さらに1997年から「**日本版金融ビッグバン**」が推進された。

農産物の自由化問題、とくに米の自由化は、1986年に始まったGATTのウルグアイ・ラウンドで、最大の問題となった。ついに日本政府は、1993年、米の部分開放にふみきった。

2-5-4　規制緩和

1990年代に入ると、行財政改革も含めて、規制緩和・民営化・国際化などが求められ、日本の構造改革とよばれる改革が進められることになった。この改革は、民間の経済活動に対する政府の規制を撤廃し、社会的な規制も減らし、また政府がおこなっている事業を民営化して、日本の市場を国際的に開かれたものにする、というものである。

規制緩和は、内外価格差の解消や、ビジネスチャンスの拡大、貿易黒字の削減などさまざまな分野で効果を上げている。

国民生活にも好影響をあたえており、たとえば、1992年、大規模な店舗の出店を制限していた「大規模小売店舗法」が改正されると、大型ディスカウントショップが増え、価格破壊が進んだ。保険業界では、火災保険、自動車保険の保険料が自由化されて、保険料が安くなった。タクシーの運賃も、同じ地域で異なる運賃が認められるようになった。

また、都心部のビル建築の容積率が引き上げられたり、人材派遣業の業種が増やされた。

2-5-5　グローバル・スタンダード

不況に苦しんでいたアメリカは、1990年代に入ると、経済を徹底的に改革して息を吹きかえした。とくに情報通信の分野では、世界のトップを行っている。

冷戦にも勝利したアメリカは、国家戦略として、**経済のグローバリゼーション**を進め、ほかの国々に規制緩和・自由化を強く求めている。アメリカの圧倒的な経済力の前に、ほかの国々はグローバル・スタンダードに自国の経済を合わせるようになった。

2-6 インフレーション

インフレーションとは何か？
インフレーションをおさえるために政府はどんな政策をおこなうか？

2-6-1 有効需要政策

経済学者**ケインズ**は、政府が財政・金融政策によって、積極的に購買力の裏づけのある需要、つまり有効需要をつくり出し、完全雇用の実現をめざす政策（有効需要政策）を主張した。

一般的に、不況になると政府は、投資や消費を増加させるために減税をおこない、また公共事業など政府支出を増やす政策をとる。逆に、好況がゆきすぎると政府は、投資や消費を減らすために増税を行い、政府支出を減らす政策をとる。

1929年に始まった世界恐慌以降、先進資本主義国はこの政策を採用して、景気が過熱気味になると財政・金融政策で景気にブレーキをかけ、景気が停滞すると景気刺激策をとるようになった。このため、景気後退が恐慌となることがなくなり、景気の変動も少なくなった。

2-6-2 インフレーション

第二次世界大戦後、多くの資本主義国で、経済を安定させる政策がおこなわれる一方で、物価が上昇する現象があらわれるようになった。長い期間、物価が上昇することを、**インフレーション（インフレ）**という。

インフレーションとは、商品の流通に必要以上の貨幣が市場に流れこんで貨幣価値が下がり、その結果、物価が上がる現象である。

有効需要政策で恐慌は発生しなくなったが、第二次世界大戦後の先進国は、このインフレーションに悩まされることになる。

2-6-3 スタグレーション

有効需要政策は、このインフレーションをともないながらも、経済の拡大をうながしてきた。ところが、1960年代末からアメリカで、それまで不況のときには起こらないはずのインフレーションが、不況のもとで起こった。

それまで、不況のときは、需要が減るので物価は下がると考えられていたが、不況のときにも物価が上がる現象が起こったのである。この現象をスタグレーションと呼ぶが、1970年代に入ると、資本主義国の共通した経済現象となった。

2-6-4　金融政策

企業や家庭など民間がもっている通貨量を、**マネーサプライ**というが、この増加や減少は、経済に大きな影響をあたえる。

たとえば、マネーサプライが増加すると、生産や消費など経済活動が活発になるが、一方でインフレーションとなる。このインフレーションをおさえるためにマネーサプライを減らすと、景気が悪くなる恐れがある。

物価や景気を安定させるため通貨量を調節する役割をもつのが、**中央銀行**で、日本の中央銀行は**日本銀行**である。

一般の銀行が中央銀行から借り入れる際の金利を**公定歩合**というが、この公定歩合を変化させることで、マネーサプライを調整することができるため、**公定歩合の調節**で景気の調整をすることができる。

2-6-5　インフレーションの影響

インフレーションは、国民の間の所得分配を不平等なものにする。

インフレーションが起こると、資産家は、土地・株などの資産の価値が上がるため、利益を受けることになる。一方、資産をもたない定額所得者は、貨幣価値が下がるので、賃金・年金・預貯金などの価値も下がるため、不利益が生じる。ただし、負債（借金）の実質価値が減るため、債務者にとっては有利になる。

2-6-6　デフレーション

インフレーションに対して、通貨量が減り、物価が下がりつづけて経済活動が不活発になる状態をデフレーション（デフレ）という。デフレによる不況のもとでは、企業の倒産と労働者の失業が増える。

日本では1990年代以降の不況のなかで、通貨・金融不安が起こり、通貨供給量が減ってデフレに近い経済状況におかれている。

2-7 経済危機

> 日本の金融危機とはどのようなものだったのか？
> アジアの経済危機はどのようなものだったのか？

2-7-1 バブル経済の破綻

1990年代に入ると、株価や地価が下がって好景気のバブル経済（→27p）は崩壊し、深刻な不況となった。

1990年代後半以降、労働者を対象としたリストラ（企業再構築）などによって失業者が増え、2001年には失業率が5％をこえて、戦後、最悪となった。企業の海外進出による**産業の空洞化**も進み、バブル崩壊後の日本経済は、長く不振を続け、まだ回復していない。

2-7-2 金融危機

とくに、金融界ではバブル経済崩壊による不良債権の処理が進まず、1995年ころには、日本の銀行が海外で資金調達するとき、欧米の銀行から上乗せ金利（ジャパン・プレミアム）を要求されるようになり、金融の信用がゆらぎはじめていた。

そのようななか1997年に、証券会社の三洋証券、山一証券、そして北海道拓殖銀行が破綻し、日本の金融界の信用は一気に下がった。この年の11月、日本の金融システムは制御不能となり、翌1998年には日本長期信用銀行、日本債券信用銀行が破綻した。日本から世界恐慌が起こると世界中をおそれさせた金融危機である。

この事態に政府は、大手銀行15行に対して公的資金で支援する決定をおこなった。これにより危機を切りぬけることができたが、金融界は不良債権の解消など、**金融再生**を強く求められた。

2-7-3 アジアの経済危機

日本で金融危機が起こっていたころ、アジアでは**通貨危機**が起こっていた。

1997年、タイで金融・通貨不安が起こると、通貨バーツが暴落した。この暴落をきっかけに、東南アジア諸国連合（ASEAN）の国々から香港、韓国、台湾など東アジア全体に、通貨不安が広がった。

この年、タイやインドネシアの経済成長率は、マイナスとなり、ほかの国々も大きく成長率を下げた。

ASEAN諸国は、1995年までの10年間、平均7％強の高度成長を続け、「**世界の成**

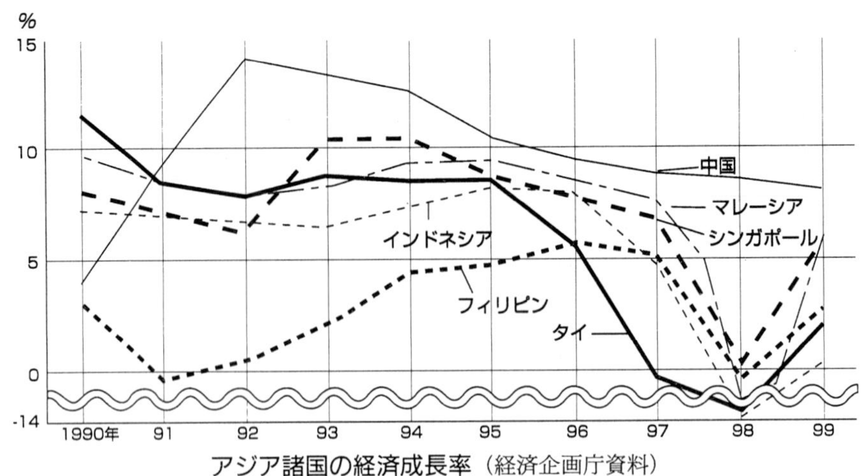

アジア諸国の経済成長率（経済企画庁資料）

長センター」と注目を集めていた。しかし、この通貨危機をきっかけに、それまでめざましい経済発展を続けていた東アジア・ASEAN 諸国は、深刻な経済危機におちいった。

2-8 社会福祉

日本の社会保障制度はどのようになっているか？
日本の社会保障制度の課題は何か？

2-8-1 社会保障の成立

初期の資本主義社会では、労働者の失業・病気・老齢・労働災害などは、国家が責任をもつべき問題ではないと考えられていた。

しかし、1929年に始まった世界恐慌で、各国で大量の失業者が生まれ、労働者の困窮が大きな社会問題となった。そのころ、社会主義国家となったソ連で、高度な社会福祉政策がおこなわれ、それが大きな刺激となって、資本主義国でも社会保障制度が普及することになった。

アメリカでは、ニューディール政策のひとつとして、1935年、社会保障法が制定され、老齢年金・失業保険・公的扶助などが国家の福祉事業とされた。

1948年、国際連合（国連）で採択された世界人権宣言では、すべての人には、社会保障を受ける権利、生きる権利、生活不能者が社会保障を受ける権利があると宣言された。

こうして、各国で社会保障制度が整備されるようになった。

2-8-2 各国の社会保障制度

・イギリス・北欧型

すべての国民に適用され、社会的な地位や所得に関係なく無差別・平等に保障する制度がとられている。税金による一般財源を中心におこなわれているのが、特徴である。

・ヨーロッパ大陸型

全国的な統一された制度になってはおらず、社会階層におうじて制度が分かれている。運営費用は社会階層や収入によって異なる保険料でまかなわれ、異なる金額が支給される。

2-8-3 日本の社会保障制度

日本では、イギリス・北欧型とヨーロッパ大陸型の中間的な社会保障制度がとられており、西欧諸国より一人あたりの社会保障費は少なく、国民負担の国民所得比率も低い。

日本の社会保障制度は、日本国憲法第25条で定められる「**生存権の保障**」に基づき、社会保険・公的扶助・社会福祉・公衆衛生の4つからなっている。

2-8-4　社会保険

社会保険は、疾病・失業・労働災害・老齢などで収入がない国民の生活を救済するため、現金を支給し、医療サービスをおこなう。医療保険・年金保険・雇用（失業）保険・労働者災害補償保険の4種からなっている。

1958年には国民健康保険法が、1959年には国民年金法が制定され、日本で国民皆保険、国民皆年金が実現された。

公的扶助は、1950年に制定された生活保護法に基づき、生活に困窮している国民の生活を保障し、困窮者が自立できるよう支援する。生活・教育・住宅・医療・出産・生業・葬祭の7つの扶助がある。

社会福祉は、障害者・児童・老人・母子家庭など、社会的な弱者に施設やサービスを提供する。そのための福祉六法には、生活保護法・児童福祉法・老人福祉法・身体障害者福祉法・精神薄弱者福祉法・母子福祉法がある。

公衆衛生は、病気を予防し、国民の健康を保持し増進する対人保健と、食品や環境を管理する環境保健がある。保健所を中心に、公害・成人病・老人問題・精神衛生など、地域のなかで福祉や医療のサービスがおこなわれる。

2-8-5　福祉の後退

1970年代前半までの高度経済成長のもとで、社会保障制度は大幅に整備された。政府は、1973年を「福祉元年」と呼び、福祉国家をめざした。

しかし、その秋に発生した石油危機によって日本は、経済混乱におちいった。低成長への転換や財政赤字のため、政府は福祉優先の政策をとれなくなり、公費負担制度は廃止されるか縮小された。受益者負担、高福祉・高負担の方針のもと、各種保険料が引き上げられた。

たとえば、老人医療費の一部有料化、健康保険の本人一部負担、老齢年金の保険料引き上げ、年金支給年齢の65歳までの引き上げ、などがあげられる。

経済の低成長化によって、福祉国家の理想は後退した。

2-8-6　社会福祉の課題

社会保障だけでは、社会福祉は十分ではない。社会保障のもつさまざまな問題点を解決するために、施設・住宅・公園など社会的共通資本を充実させ、また身体障害者や寝たきり老人のためのデイケア・サービスやホームヘルパーなどの福祉サービスが、提供されるべきである。

また、高齢者や障害をもつ人たちが、ほかの人々と同じように生活できるようになる**バリアフリー社会**の実現が求められている。

復習しよう

＊できなかったところは、もう一度復習しよう。

問 1　市場で自動的に商品の需要と供給の関係が調整されるしくみを何というか。正しいものを、次の①〜④のうちから一つ選びなさい。(☞ 2—2—2)

①需給の自由放任　　②所得の再分配
③価格の自動調節機能　　④価格の自由競争

問 2　中央銀行が市中の銀行に資金の貸し出しをするときの利率を何というか。正しいものを、次の①〜④のうちから一つ選びなさい。(☞ 2—6—4)

①プライムレート　②市中金利　③公定金利　④公定歩合

問 3　1970 年代に、先進諸国がおちいった不況とインフレーションが同時に進行する経済現象を何というか。正しいものを、次の①〜④のうちから一つ選びなさい。(☞ 2—6—3)

①イミテーション　　②ハイパーインフレ
③デフレーション　　④スタグレーション

問 4　景気変動のうちで好況期の説明として正しいものを、次の①〜④のうちから一つ選びなさい。(☞ 2—2—7)

①投資・生産が低迷を続け、企業の倒産や失業が増える。
②企業の投資・生産が活発で、雇用と賃金が増える。
③生産の伸びが需要を上回って、投資・生産が抑えられる。
④企業収益が回復し始め、賃金も上がり、需要が回復する。

問 5　不況期に政府がとる政策で最も適切なものを、次の①〜④のうちから一つ選びなさい。(☞ 2—6—1)

①投資・消費を増加させるために増税を行い、政府支出を増やす。
②投資・消費を増加させるために減税を行い、政府支出を減らす。
③投資・消費を増加させるために減税を行い、政府支出を増やす。

④投資・消費を増加させるために増税を行い、政府支出を減らす。

問 6 市場における自由競争の説明として正しいものを、次の①〜④のうちから一つ選びなさい。(☞ 2—2—3)

①自由競争のもとでは、企業の収益は下がって経済効率が落ちていく。
②自由競争のもとでは、供給が需要より大きくなって価格が上がっていく。
③自由競争のもとでは、価格の変動を通じて需要と供給が一致する。
④自由競争のもとでは、供給が需要より小さくなって価格が下がっていく。

問 7 経済全体のなかで、知識の集約型サービスの占める割合が増していくことを何というか。正しいものを、次の①〜④のうちから一つ選びなさい。(☞ 2—4—4)

① ME 革命　　②オフィスオートメーション化
③産業構造の高度化　　④経済のサービス化・ソフト化

問 8 日本の社会福祉についての文として正しいものを、次の①〜④のうちから一つ選びなさい。(☞ 2—8—3、5)

①社会福祉に対する国民負担の比率は、西欧諸国より低い水準にある。
②国の財政難にもかかわらず、福祉を受ける者の負担は年々減らされている。
③ 1990 年代に入って、社会福祉の内容は西欧諸国を大きく超えた。
④社会福祉に対する国民負担の比率は、西欧諸国より高い水準にある。

問 9 高度経済成長の時代を経て日本の産業構造は大きく変わったが、その説明として正しいものを、次の①〜④のうちから一つ選びなさい。(☞ 2—4—4)

①半導体・自動車を中心とする産業構造から鉄鋼・造船を中心とする産業構造に変わった。
②石油依存型の産業構造から、省資源・省エネルギー型の産業構造へ変わった。
③石油依存型の産業構造から、天然ガス依存型の産業構造へ変わった
④農業を中心とする産業構造から、軽工業を中心とする産業構造へ変わった。

3-1 日本政治の基礎知識

現代の日本国は、第二次世界大戦後の1946年、**日本国憲法**の公布により始まった。

日本国は、日本国憲法のもと、国会を国権の最高機関とし、天皇を日本国統合の象徴とする民主主義国家である。

主権は国民にあり、国民から選ばれた議員からなる国会が中心となって、議会政治をおこなう。国会の制定する法（憲法と法律）により日本国は統治され、国家権力は**立法・行政・司法の三権に分立**されている。

立法をおこなう機関は、唯一の立法機関と定められる**国会**であり、行政をおこなう機関は内閣であり、司法をおこなう機関は裁判所である。

国会は、衆議院と参議院からなり、議員は国民の直接選挙で選ばれる。議院内閣制をとっていて、国会は議員のなかから、**内閣総理大臣（首相）**を指名する。実際には、国会で多数をしめる政党が内閣を組織する制度がとられ、政党政治がおこなわれている。

内閣の下に、実際に行政事務をおこなう府・省・庁・委員会といった**1府12省庁の行政機構**がおかれ、総理大臣はこれら行政機関のすべてを指揮監督する。総理大臣は、実質的に日本のリーダーである。

省庁の代表的なものに、財政を担当する財務省、外交を担当する外務省、教育を担当する文部科学省、産業を担当する経済産業省などがある。

憲法第9条によって、日本は戦争をしないが、自衛のため、自衛隊をもつ。

地方には、1つの都・1つの道・2つの府・43の県からなる47の**地方公共団体**（地方政府）があり、さらにその下には、区・市・町・村の地方公共団体がある。それぞれの首長と議会の議員は住民の選挙で選ばれ、**地方自治**をおこなっている。

3-2 民主主義

民主政治はどのように発展していったか？
民主主義とは何か？

3-2-1 民主政治の始まり

紀元前5世紀ころ、アテネなど古代ギリシャの都市国家（ポリス）では、すべての市民は、広場に集まって政策を議論し、その決定に参加していた。この政治のやり方は、のちの民主主義に大きな影響をあたえた。

近代以前には、君主や貴族たちが、民衆の意思を無視した専制政治をおこなっていた。しかし、近代に入ると、すべての人が人間らしく、自由と平等を保障される社会をつくるために、国民すべてが参加した政治がおこなわれなければならない、とする民主主義思想が、ヨーロッパで説かれるようになった。

『市民政府二論』を書いた**ロック**は、個人の生命・自由・財産は誰も侵すことはできないとする基本的人権を説き、『法の精神』を書いた**モンテスキュー**は、権力の乱用を防ぐためには**三権の分立**が必要であると説いた。

『社会契約論』を書いた**ルソー**は、権力はもともと人民のものであるとする**人民主権（国民主権）**を説き、民主政治の実現を主張した。

彼らの思想は、アメリカの独立やフランス革命など市民革命に大きな影響をあたえた。

3-2-2 民主主義の目的

17世紀から18世紀にかけて、イギリス、ついでフランスで、専制政治を倒す市民革命が起こり、アメリカでは独立革命が起こって、市民がみずから新しい政治体制をつくった。市民革命によってたてられた政府は、基本的人権の保障こそ民主政治の根本目的だとし、人権保障という目的を達成するため、国民主権の原理を基準とする民主主義体制を確立した。

民主政治の目的である人権思想がよくあらわれているのが、アメリカの**ヴァージニア権利章典**と**フランス人権宣言**である。

ヴァージニア権利章典の第1条は、基本的人権を次のように述べている。

「すべての人は生まれつき等しく、自由かつ独立しており、一定の生来の権利を有する。」

フランス人権宣言は、人権保障と、それを達成するための国民主権を、次のように述べている。

「第1条　人は、自由かつ権利において平等なものとして出生し、かつ生存する。
第2条　あらゆる政治的団結の目的は、人の消滅することのない自然権を保全することである。これらの権利は、自由・所有権・安全および圧制への抵抗である。
第3条　あらゆる主権の原理は、本質的に国民に存する。」

また、1863年、アメリカ大統領**リンカーン**は、ゲティスバーグ演説で、民主政治の理念を「**人民の、人民による、人民のための政治**」という表現で簡潔に述べた。

3-2-3　立憲政治

こうした人権宣言の理念は、政治をおこなう者たちが守るべき原理として、一般の法律と区別される国家の最高の法、**憲法**へと発展した。民主主義では、憲法とは人権保障のための最高の法である。

権力を勝手に使って国民の人権を侵害しないよう、政治をおこなう者がこの憲法に従うべき原則を、立憲政治という。

この立憲政治は、人の支配、つまり権力者による勝手な政治をさせず、権力者に法に従った政治をおこなわせようという政治原理に基づく制度である。

3-2-4　三権分立

国民から選ばれた権力者を、法で縛るのにも限界がある。そこで、権力をお互い監視し抑制して、権力の乱用を防ごうという制度（三権分立制）が多くの国で採用され、今日では、この制度が民主主義と切りはなせないものとなっている。

三権分立の制度は、国家権力を立法・執行（行政）・司法の三権に分け、三権を相互に抑制し、バランスを保つことで、国民の人権を侵害する権力乱用を防ごうというものである。

3-2-5　代議政治（代表民主制）

古代ギリシャの都市国家（ポリス）がおこなっていたように、国民が一か所に集まって討議し、さまざまな政策を決める直接民主制は、国民主権の原理を実現するもっとも望ましい制度である。この直接民主制は、現在でもスイスの一部の州でおこなわれている。しかし、人口の多い現代国家での実現は非常にむずかしい。

そこで、多くの国は、国民が自分の代表を選挙で選び、選ばれた代表者が立法や行政をおこなう代表民主制（間接民主制、代議制）を採用している。

3-2-6　議会政治

選挙で選ばれた議員は、全国民の代表であり、議会は国民にかわって政策を討論し、多数決方式によって意見をまとめる（審議の原理）。この決定は、国民全体の決定となる。また議会には、権力を用いる行政機関を監視することができる国政調査権があたえられている。

このように、国家の最高権力を国民の代表者からなる議会とする政治を、議会政治という。議会政治には、政府の基盤を議会とする**議院内閣制度**（イギリス・日本など）と、大統領が議会に対して、独立した大きな権限をもつ**大統領制**（アメリカなど）がある。

議会がひとつの議決体でなりたっている場合は、**一院制**という。独立した2つの議決体でなりたっている場合は、**二院制**という。日本の国会は、衆議院と参議院からなる二院制をとる。

3-2-7　民主政治の発展

18〜19世紀に制定された近代憲法が国民に保障した基本的人権は、国家からの自由を求める自由権であった。その自由とは、精神活動の自由・経済活動の自由・人身の自由である。

そのため、19世紀なかばころまで、国家とは国民の生活と自由とに立ち入らず、国防や治安維持など必要最小限の活動をするものでよい、という国家観が一般的であった（**夜警国家観**）。

しかし、資本主義経済が急速に発展して、失業・貧困・低賃金・長時間労働などさまざまな社会問題が生じるようになると、人権保障が、社会的な不自由・不平等を積極的に解消するものではないことが、はっきりしてきた。

19世紀においては、国民主権ですら、実際には財産や性別による制限選挙という形をとっていて、民主主義の理念から離れたものであった。そのため、イギリスでは、早くから普通選挙運動や労働運動、社会主義運動が起こり、国民主権と人権保障の拡充が要求された。

男子だけの普通選挙は、1848年、フランスで実現したが、完全な男女平等の普通選挙は、1919年に第一次世界大戦に敗れたばかりのドイツで初めて実現した。同年に制定されたヴァイマル（ワイマール）憲法で、20歳以上の男女による普通選挙制や国民投票制などが定められた。

この動きを受けて、1920年にアメリカで、1928年にはイギリスで普通選挙制度が導入された。

3-2-8　社会権

ヴァイマル（ワイマール）憲法では、健康で文化的な生活を保障することを国家に要求できる権利などが、新たな基本権として定められた。社会権と呼ばれるこの権利には、**生存権・教育権・勤労権・勤労者の団結権**などがある。

こののち、社会権は各国で保障されるようになり、日本でも、戦後の日本国憲法で初めて社会権が保障された。

3-2-9 大衆民主主義

19世紀までは、財産と教養をもった一部の市民（ブルジョア）を中心に政治がおこなわれていたが、20世紀に入ると、教育の普及、普通選挙の実施、マスコミの発達により、大衆が政治の舞台に登場するようになった。とくに、大衆の意思ともいえる**世論**は、政策決定に大きな影響をもつようになった。

このように、大衆を基盤とする現代の民主主義を、大衆民主主義（マス＝デモクラシー）という。現代の民主政治においては、世論の支持がなければ、政治をおこなうことができない。しかし、世論はしばしば合理性に欠け、感情的要素に左右されやすい。もし権力者がマス＝メディアを支配して、自身に都合のよい世論操作をおこなうと、大衆民主主義は独裁政治に変わってしまう危険性がある。

3-3 政治参加

> 国民の政治参加とは具体的に何か？
> 選挙制度のしくみと問題点は何か？

3-3-1 民主政治の政治参加

民主政治は権力と参加からなりたつため、近代民主政治がきちんと行われるかは、国の政治に国民がどれだけ参加し、どれだけ権力から基本的人権を保障されるかにかかっていた。

そのため、近代民主主義は、国民主権を国家体制の基本とした議会制を確立して、参加志向型の政治体制をとることになった。

しかし、20世紀に入り、国家の役割が大きくなるに従って行政機構が大きくなり、しだいに権力志向型政治になってきた。

そこで、選挙による政治参加だけでなく、市民運動や住民運動などを通して政治に参加することが重要となった。

3-3-2 選挙

選挙は、国民主権として政治に参加する最大の機会である。

日本では、明治時代に国会議員の選挙が始まったころは、財産や性別により選挙権に制限があった。1925年に、25歳以上の男性に選挙権があたえられ、1945年になって、20歳以上の男女に平等に選挙権があたえられて、普通選挙が実現した。

現在の日本国憲法のもとでは、20歳になれば誰でも選挙権をもつことができ（**普通選挙**）、代表者を直接選ぶことができる（**直接選挙**）。公平に1人1票とし、投票の自由と秘密が保障され（秘密選挙）、また、代表者に選ばれるための被選挙権は、一定の年齢となった者に認められ、誰でも立候補することができる。

立候補の手続き、投票のしかた、選挙運動などは、公職選挙法のなかで決められており、選挙に関する事務機関として選挙管理委員会がある。

3-3-3 選挙区と比例選

1つの選挙区から1人の議員が選ばれるのが、小選挙区制である。これに対して2人以上の議員が選ばれるのは、大選挙区制である。

小選挙区制は、選挙区が狭いので選挙費用が少なくてすみ、有権者が投票する人を選びやすい。しかし、当選するためには選挙区で最多の票をとらなければならないので、政党同士の立候補者の調整や選挙応援などの選挙協力が必要となる。そのため政党の統合が進み、二大政党制にむすびつく。

二大政党制は政権交代が秩序を持っておこなわれるなど、政治が安定するので、それをめざす選挙制度として小選挙区制はとらえられている。

最大の欠点は、死票が出ることである。第2位以下の立候補者が得た票は、議席にむすびつかない。そのため、小政党は議席をもちにくい。

大選挙区制では、選挙区が広いため多くの選挙費用がかかる、有権者が立候補者をよく知ることができないため選びにくい、小政党の乱立になりやすく、政治が不安定になるなどの欠点がある。しかし、死票が少なく、小政党でも議席をもつことができるので、有権者の意思が反映されやすい点は、長所である。

比例代表制では、有権者が支持する政党に投票し、その得票率におうじて議席を比例配分するので、選挙区の有権者の意思が反映されやすく、死票がないのが特徴である。小政党も議席をもつことができるので、民主主義の原理にもあった選挙区制といえる。

しかし、この制度では小党乱立となりやすく、連立内閣をつくるため多数派工作が激しくなるなど、政治が不安定になる欠点がある。

3-3-4 日本の選挙制度

戦後長く、衆議院選挙では、1つの選挙区から3〜5人ずつ議員が選ばれる中選挙区制がおこなわれていた。現在では、小選挙区制と比例代表制を組み合わせた小選挙区比例代表並立制が導入されている。

戦後生まれた参議院では、1983年まで、地方区のほかに全国区という典型的な大選挙区制がとられていた。しかし、この全国区は問題が多く、比例代表制に制度が変更された。

3-3-5 選挙制度の問題点

日本では、都市への人口の移動・増加が続き、各選挙区間の有権者数と議員定数との割合に、大きな格差が生じた。**1票の重さ**が選挙区によって異なるという現象である。1994年、小選挙区比例代表並立制が導入されたが、1票の重さの格差は解消されていない。

選挙違反や棄権（投票権があるのに投票をしないこと）も、選挙制度における大きな問題である。

3-3-6 政治的無関心

現代の民主政治では、国民の声である世論が大きな力をもち、政策決定に強い影響をあたえる。しかし世論が、マスコミや政府・政党に操作・誘導されることが多く（情報操作・世論操作）、また国家機能の拡大と政治の専門技術化のため、大衆の政治参加はしだいに難しくなってきた。そのため、国民の間に政治的無関心が広がっている。

3-3-7　市民運動・住民運動

一方で、公害や消費者問題などを通して、さまざまな市民運動・住民運動が生まれるようになった。

とくに、公害問題が激しくなった1960年代には、環境破壊に反対し、住みよい環境を求める住民運動が各地で起こった。しだいに人々の政治的連帯感が生まれ、ときには地方議会の解散や首長のリコールなど、地域の政治に強い影響をおよぼすようになった。

近年、公害問題だけに限らず、人権問題、環境・自然保護、平和問題、消費者問題などのさまざまな分野で市民運動がくり広げられ、市民ネットワークが形成されて、新しい形での政治参加が見られる。

このような市民運動は、国民の政治参加を活性化し、国の政治をより民主的なものにするものと考えられている。

3-4 政党・選挙

政党とは何か？
日本の政党制とその問題点は何か？

3-4-1 政党とは

現代の代議政治は、実質的に政党政治をとおしておこなわれている。

政党とは、国の政治に対して同じ考え（意志・思想・要求）をもつ者が、政権を獲得するためにむすびついた政治集団・団体である。国民全体の利益を実現するため、国民の意思を国の政治へ反映させる重要な役割を持っている。このように、有権者である国民全体の利益実現をめざす政党は、大衆政党（組織政党）と呼ばれる。

政権を担当している政党は、**与党**と呼ばれ、担当していない政党は、**野党**と呼ばれる。一般に今の社会を基本的に維持しようとする政党を、保守政党と呼び、変革していこうとする政党を革新政党という。

3-4-2 政党政治の形態

有力な3つ以上の政党が、議会で議席をもっている場合、**多党制**という。多党制は、西欧諸国に多く、政権を獲得するために複数の政党が連立をくむ必要があり、政局が不安定になりやすい。

有力な2つの大政党が、議会で議席を占めている場合、**二大政党制**という。イギリスやアメリカが典型的な例である。

イギリスでは、19世紀まで保守党と自由党の二大政党があったが、20世紀に入ると自由党がおとろえ、かわって労働党が保守党と対抗するようになった。アメリカでは、19世紀なかば以降、共和党と民主党の二大政党制が続いている。

強力な1つの政党による独裁政治がおこなわれている場合、**一党独裁制**という。第二次世界大戦前のドイツのナチスやイタリアのファシスト党の例が上げられる。かつての社会主義国では、共産党などの社会主義政党がすべての権力をにぎり、一党独裁がとられていた。

3-4-3 日本の政党制

日本では第二次世界大戦後、数多くの政党が生まれたが、1955年の保守合同で、**自由民主党（自民党）**が結成され、その年に左右両派が合同した**日本社会党**とともに、二大政党制が長く続いた。この政治状況は、一般に**55年体制**と呼ばれる。

しかし、日本社会党が政権を担当することはなく、自民党の一党優位が続いて、基本的に政権は自民党が担当し続けた。

自民党による政治は、政治の安定と経済の成長に役だったが、政権の交代がなかったため、政治から競争原理がなくなり、特定の団体とむすびついた族議員の問題や、派閥の問題など、さまざまな弊害が生まれた。とくに、一部の政治家と政治資金の提供者との癒着（国民の利益に反する悪いむすびつき）による金権政治を生みだした。

3-4-4　圧力団体

特定の団体がみずからの利益を実現するため、議会や行政官庁に圧力をかけ、影響力をおよぼそうという動きは、日本に先がけて欧米諸国でみられる現象であった。このような団体は、圧力団体（利益集団）と呼ばれる。

日本でも戦後、農業団体・経営者団体・医療関係団体・宗教団体・労働組合など多くの組織・集団が、圧力団体として生まれた。経団連・農協中央会・日本医師会などが、代表的な圧力団体である。

現在では、圧力団体は社会的に政治集団と認められ、政策決定に大きな影響力をもつようになっている。圧力団体は、選挙における票のとりまとめ能力が大きく、また政治資金の大きな供給源となり、一部政治家との癒着で政治腐敗の原因になりやすい。

3-4-5　55年体制の崩壊

1992年、政治家の大がかりな汚職が発覚して、国民の政治不信は頂点に達し、抜本的な政治改革が必要であるという世論が高まった。

そのため、翌年の総選挙（衆議院議員選挙）で、自民党が野党にやぶれたため政権から離れ、野党8党による連立政権が誕生した。このの ち、55年体制をささえてきた日本社会党も解体して、自民党と日本社会党を中心にした55年体制は崩壊した。

そののちも**政界再編**は進み、自民党は連立政権としてふたたび政権を担当することになった。

3-4-6　選挙制度改革

1994年、二大政党制の実現も意識した政治改革4法が、国会で成立した。

これによって、衆議院議員選挙に、**小選挙区制**と**比例代表制**が取り入れられることになった。これは、それまでの中選挙区制をやめ、定数300人の小選挙区と定数200人（のち180人に変更）の比例代表が並立する選挙制度である。

有権者が投票所で、小選挙区で立候補者の個人名を、比例代表で政党名を記入して投票する。比例代表は全国を11のブロックに分け、ブロックごとに当選者を各政党に比例配分する。小選挙区と比例代表の両方に立候補できるため、小選挙区で落選した立候補者が、比例代表で当選できるという点が大きな特徴である。

小選挙区と比例代表の定数の割合は、3対2であり、小選挙区中心の選挙であるため、二大政党制をめざした動きが、これ以降、展開することになる。

3-4-7　政界再編

小選挙区制のもとでは、1つの選挙区でもっとも多く得票しなければ当選できないため、小政党は議席をもちにくい。そのため、あいついで小政党が統合されることになった。

自民党は小政党と連立して政権を担当する一方、野党の民主党は「ネックストキャビネット」を組織して、政権担当にそなえている。

3-5 議院内閣制と大統領制

> 議院内閣制とは何か？
> 大統領制とは何か？

3-5-1 政治機構

国によって、同じ代議制でも、3つの機関に権力を分散させる権力分立制をとったり、ひとつの機関に権力を集中させる権力集中制をとったりと、違いがある。同じ権力分立制でも、国によって議院内閣制、あるいは大統領制をとる。

3-5-2 議院内閣制

議院内閣制は、イギリスで発達し、完成された制度である。

三権分立の原理により、議会の信任に基づいて内閣は成立し、内閣は議会に対して連帯して責任を負う（責任内閣制）。責任内閣制のもとでは、議会の多数党が政権を担当するため、原則として政党内閣制をとる。

イギリスの議会は、上院（貴族院）と、下院（庶民院）からなり、国民が選ぶ下院が優越する原則が確立している。

総選挙（下院の選挙）の結果、下院で多くの議席を獲得した政党の党首が、内閣総理大臣（首相）に選ばれ、内閣を組織する。原則として、首相は閣僚を下院議員から指名する。もし、下院が内閣の不信任案を決議すると、内閣は総辞職するか、下院を解散して総選挙をおこない、国民に信を問う（内閣を支持するかどうかを問う）。

小選挙区制をとるイギリスでは、**保守党**と**労働党**の二大政党制が確立されていて、政権の交代がしばしばおこなわれる。

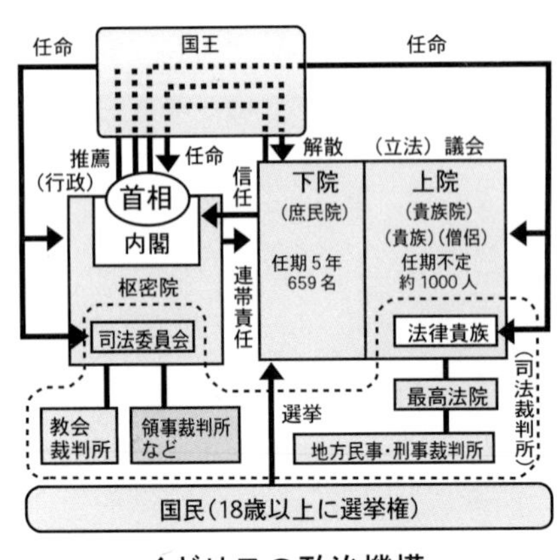

イギリスの政治機構

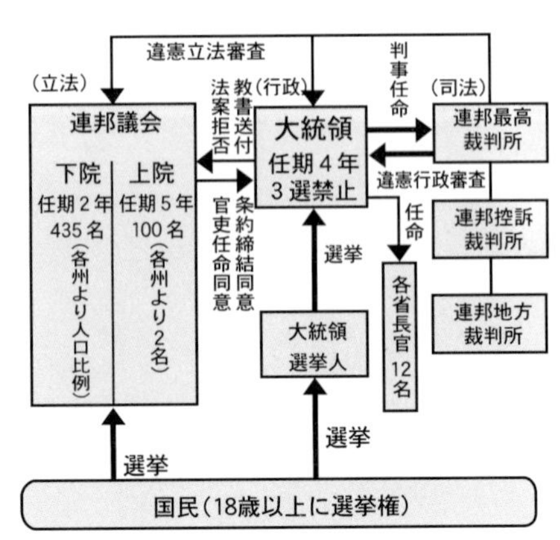

アメリカの政治機構

政権を担当していない政党は、与党に対して野党といい、政権交代にそなえて、「影の内閣（シャドーキャビネット）」を組織している。影の内閣とは、いつでも内閣を組織できるように、閣僚にあてる人物を決めておくことである。

議院内閣制は、日本やカナダ、イタリア、ドイツなど世界の多くの国で採用されている。

3-5-3 大統領制

大統領制は、議院内閣制に対して、立法権と行政権の分離・独立が厳格におこなわれ、行政府の長である大統領に大きな権限があるのが、大きな特徴である。

とくにアメリカの大統領制では、この分離・独立が厳格で、国民は議会と大統領とを別々に選ぶ。大統領の選出は、国民が直接選ぶ選挙人によっておこなわれる。つまり、大統領は国民の間接選挙で選ばれる。

国民から選ばれる大統領は、議院内閣制の首相が議会に対して責任を負うのに対して、議会に責任を負うこともなく、その信任も必要としない。また、閣僚は議会にではなく、大統領に対して責任を負う。

しかし、大統領は、議会を解散する権限や、法案を議会に提出する権限、議会へ出席する権利もない。また、大統領と各省の長官は、議員の職を兼ねることができない。

大統領は議会に対して、教書（メッセージ）を送って法律の制定を求めたり勧告できる権利と、議会が可決した法案に対する拒否権しかもたない。この拒否権も議会が3分の2の多数で再可決すれば、法案は成立する。

大統領は、議会とは議会が制定した法律を執行するだけの関係といえるが、国家の元首・行政府の長・軍の最高司令官として絶大な権限をもつ。

議会から独立した大統領は、強い権限をもち、専制の危険をもつ。そのため、司法府である連邦裁判所には、違憲法令（立法）審査権という強い権限があたえられ、大統領と議会を抑制している（司法権の優越）。

アメリカでは、19世紀以来、**共和党**と**民主党**の二大政党制が定着し、安定した政権交代がくりかえされてきた。

世界には大統領のいる国が多いが、ドイツの大統領のように、議院内閣制のもとで議会から選ばれた名目儀礼的な権限しかもたない大統領が多い。

3-5-4 そのほかの政治機構

かつての社会主義諸国では、権力の分立制は採用されず、国民（人民）の代表機関（議会）に権力が集中されていた。さらに、国民を代表する政党は**共産党**だけしか認められず、基本的には共産党の一党支配体制であった。

第二次世界大戦後、新たに独立した国々や中南米の国々の中には、経済開発に力をそそぐため**開発独裁体制**がとられ、一定の成果を上げた。やがて人々が豊かになると、民主主義を求めるようになり、独裁政権は使命をおえて倒される例が多い。

3-6 憲法

憲法とは何か？
日本国憲法で決められていることは何か？

3-6-1 憲法と立憲政治

近代民主主義のもと、基本的人権の保障は民主政治の根本目的となった。そして、権力をもって政治をおこなう者が守るべき原理として、一般の法律と区別される、国の最高の法、憲法が制定された。

政治をおこなう者が、その権力を乱用して国民の基本的人権を侵害し、不幸にすることがないよう、憲法に基づいて政治をおこなう原則を、立憲政治という。

3-6-2 各国の憲法

現在、最古の成文憲法（文書化された憲法）は、1787年、フィラデルフィアでの憲法制定会議で採択され、1788年に発効したアメリカ合衆国憲法である。

この憲法により、アメリカは連邦制をとり、立法権を合衆国連邦議会に、行政権を合衆国大統領にあたえている。三権分立が厳格におこなわれ、大統領に大きな権限をあたえているのが特徴である。

これに対して、成文化された憲法はないが、立憲政治のおこなわれているのが、イギリスである。成文法の形をもたないが、権利章典（Bill of Rights、1689年）などの歴史的文書・議会制定法・判例法・慣習法が、憲法を構成している（不文憲法）。

この不文憲法により、イギリスでは、立憲君主制のもと典型的な議院内閣制がおこなわれている。

フランスでは、1789年の革命以降も、革命がくりかえされ、そのたびに新たな憲法が制定されてきたが、現在は第五共和制憲法が施行されている。アメリカほどではないが、大統領に大きな権限があたえられている。

ドイツでは、現在（東西ドイツ統一前の）旧西ドイツのドイツ連邦共和国基本法が、少し修正されて施行されている。

中国では、革命後4つめの憲法が1982年に制定された。共産党と政府の分離や立法機関をはっきりとさせた点が特徴となっている。社会主義市場経済の導入など現代化政策を推進するため、その後も一部改正され、現在に至っている。

3-6-3　大日本帝国憲法

日本では、明治維新後、政府の強権政治に反発して、国会開設と憲法制定などを求める**自由民権運動**が高まった。政府は、伊藤博文らをヨーロッパに派遣して準備を進め、1889年、大日本帝国憲法（明治憲法）を、天皇が定める欽定憲法として発布した。

この憲法は、君主権の強いプロシア（ドイツ）の憲法を参考につくられ、主権と、軍隊の指揮権などすべての国家権力を天皇がもつ点が、大きな特徴となっている。

この憲法に基づいて帝国議会が開設され、国民が政治に参加する道が開かれた。しかし、こののち、国民の思想や言論はきびしく制限され、軍が政治を動かすようになって、戦争の道へつき進んだ。

3-6-4　日本国憲法の誕生

1945年、連合国と戦っていた日本はポツダム宣言を受け入れて、連合国に降伏した。日本を占領した連合国軍は、日本政府に対して、憲法の改正を指示した。しかし、政府の憲法草案は、旧憲法（大日本帝国憲法）とかわらないものだったため、連合国総司令部（ＧＨＱ）は、政府に国民主権を中心にした憲法案（マッカーサー草案）を示した。

この憲法案をもとに、政府は憲法草案をつくりなおし、国会で審議して、1946年11月、日本国憲法として公布し、翌年5月に施行した。

3-6-5　3つの基本原理

日本国憲法は、3つの基本原理からなりたっている。

まず第1に、**基本的人権の尊重**である。旧憲法の不備を反省し、政策の大原則として、生命・自由・幸福追求などに関する権利を、基本的人権として尊重することをうたっている。

第2に、**国民主権**の原理である。憲法の前文で、「そもそも国政は、国民の厳粛な信託によるものであって、その権威は国民に由来し、その権力は国民の代表者がこれを行使し、その福利は国民がこれを享受する」と述べて、国民みずからが政治をおこなうという民主政治のありかたをうたっている。

旧憲法では天皇は主権者であったが、新憲法では**国民統合の象徴**となり、形式的儀礼的な国事行為をおこなうだけの存在になった。

第3に、**平和主義**である。旧憲法下で起こした悲惨な戦争を反省したうえで、憲法の前文で、「政府の行為によって再び戦争の惨禍が起ることのないようにすることを決意し…」と述べ、続けて第9条で、戦争を放棄し、戦力をもたないことを宣言している。

3-6-6　基本的人権の尊重

日本国憲法は、「侵すことのできない永久の権利」であると、基本的人権の不可侵性をうたい、さまざまな人権を保障している。しかし、この人権も、公共の福祉によって制限できることを認めている（人権相互の矛盾・衝突を公平に調整する原理）。

保障される人権とは、自由権・平等権・請求権・参政権・社会権である。

自由権には、思想や信教などの精神的自由、不法に逮捕されない権利などの身体の自由、居住移転や職業選択などの経済的自由がある。

平等権には、法の下の平等、男女の平等、教育機会の均等、選挙の平等がある。

請求権には、国家賠償請求権、裁判請求権などがある。

参政権には、選挙権や最高裁判所裁判官の国民審査権などがある。

社会権には、「健康で文化的な最低限度の生活」をいとなむ生存権、教育を受ける権利、勤労権、団結権などの労働基本権がある。

日本国憲法は、国民に権利を認めるだけでなく、3つの義務を求めている。**「保護する子どもに普通教育を受けさせる義務」**、**「勤労の義務」「納税の義務」**である。

3-6-7 日本の統治機構

三権分立の原理によって日本の統治機構は組織され、立法権は国会に、行政権は内閣に、司法権は裁判所に属す。しかし、三権は完全に平等ではなく、国会を国権の最高機関とする国会中心主義がとられる。

3-6-8 国会

国会は、国民の直接選挙によって選ばれた議員からなり、衆議院と参議院からなる二院制をとる。衆議院と参議院は対等ではなく、異なった議決があった場合などには、衆議院の優越が認められている。国会は、法律を制定し、予算を議決し、内閣総理大臣（首相）を指名する役割と権限があたえられている。

3-6-9 内閣

国会が制定した法律や予算に基づき、政策を実行するのが行政機関で、その最高機関が内閣である。議院内閣制により、国会の指名を受けた内閣総理大臣は、内閣を組織する。

衆議院で内閣不信任案が可決されたり、信任案が否決されたときは、内閣は10日以内に衆議院を解散するか、総辞職しなければならない。

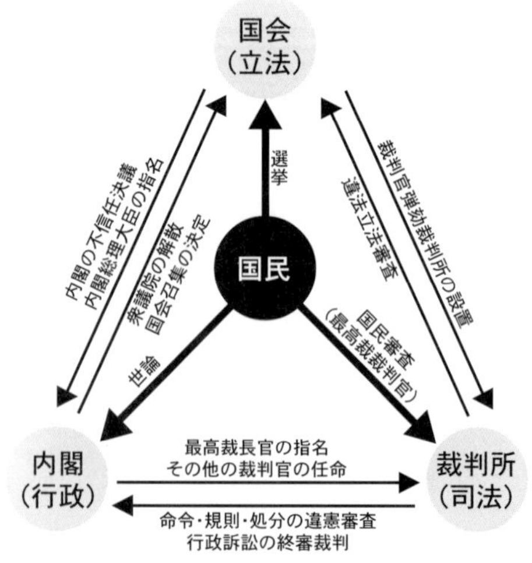

日本国憲法の三権分立

（国会と内閣、国会と裁判所、内閣と裁判所は、抑制・均衡の関係に立つ）

3-6-10 最高裁判所

すべての司法権は、最高裁判所と、その下に構成される高等裁判所、地方裁判所、家庭裁判所、簡易裁判所に属す。最高裁判所の長官は内閣に指名され、14人の裁判官も内閣に任命される。また衆議院選挙の際には、国民審査を国民から受ける。

最高裁判所は、国会や行政機関によるすべての法律・命令・規則・処分などが憲法に違反していないか審査する権限をもつ。この権限は、**違憲（違法）立法審査権**といい、このため最高裁判所は「**憲法の番人**」と呼ばれる。

このように、司法権は強い独立性をあたえられているが、国会はこれに対して、裁判官の弾劾裁判をおこなう権限をもっている。

3-6-11　地方自治

旧憲法下で中央集権体制をとっていたことを反省して、日本国憲法では、中央政府に対する地方分権と民主主義が徹底されている。

地方政治は、中央政府から独立した地方政府である地方公共団体がおこない、住民自身の意思により政策が決定され、実行される。

地方公共団体には、都道府県と市町村があり、ほかに特別区などの特別地方公共団体がある。

各地方公共団体の首長（都道府県知事、市町村長）は、住民の直接選挙で選ばれ、行政をおこなう。議会の議員は住民の直接選挙で選ばれ、条例の制定や予算の決定、首長の不信任決議などをおこなう。

地方公共団体は、住民の生活や福祉を充実させるため、学校や公民館などの建設、警察や消防などのサービスをおこなう（固有事務）だけでなく、国から委任される事務をおこなう。委任事務とは、戸籍や住民登録、保健所の運営などである。

3-6-12　日本国憲法の問題点

1950年、朝鮮戦争が始まったことを受けて、武器をもつ警察予備隊が発足し、そののち、**自衛隊**へ発展した。自衛隊は、ほぼ陸軍・海軍・空軍にあたる陸上自衛隊・海上自衛隊・航空自衛隊からなり、しだいに増強されて、現在、ほかの国の軍隊と同じような規模をもつようになった。

警察予備隊がつくられたときから、憲法第9条に違反するのではないかという議論があったため、1950年代に、政府は憲法改正をめざした。しかし、憲法改正に必要な、3分の2以上の議席を、衆議院・参議院ともに獲得できず、改正は断念された。

そこで、政府は自衛隊は合憲である（憲法に違反していない）と主張してきたが、国民のすべてがこの憲法解釈に納得しているわけではない。

近年、日本の大国化にともなって、自衛隊を平和維持活動（ＰＫＯ）や平和維持軍（ＰＫＦ）に参加させて、国力にみあった国際協力をすべきだとの論議が起こった。1992年、国連平和維持活動等協力法（ＰＫＯ法）が成立したが、ここでも、自衛隊の海外派遣が憲法に違反するのではないか、という点が大きな問題となった。

3-7 行政国家化

> 行政機構の拡大とその問題点は何であるか？
> その問題をどのように解決しているか？

3-7-1 行政機構の拡大

産業革命の進展とともに、失業者の増大、都市のスラム化、貧富の差などの、新たに労働問題や社会問題などが生まれた。そこで、西欧諸国政府は福祉・医療・教育などの政策を推進したことから、経済・労働・社会保障・教育などの分野で、国家の機能が大きくなった。

こうして、それまでの経済活動や国民生活になるべく介入しない「安価な政府」あるいは「夜警国家」(→ 26 p) という国家観にかわって、国民全体の福祉を実現するための国家、福祉国家が、理想の国家観として人々に受け入れられるようになった。

しかし、福祉国家化が進むにしたがって、行政機構・官僚制が肥大化し、公務員数が増えた（行政国家化)。

3-7-2 官僚の影響力

行政が肥大化すると、経済運営から社会保障まで膨大な知識や情報が必要となり、また政策の実施のため、複雑な法律や規則をよく知っていなければならない。そのため、法律の実施細則などの制定は、行政機関に任せることが多くなった。

このように行政機関に委任して立法（政令や省令など）をおこなわせることを委任立法といい、また許認可行政（さまざまな事柄に行政が許可、認可を与えること）が増えるにつれて、行政が判断、指導することが増え、それを担当する専門官僚（テクノクラート）は、大きな権限と影響力をもつようになった。

3-7-3 行政機構の問題点

このような行政機構、すなわち官庁は、戦後の高度経済成長時代には、日本経済に効果的に機能してきた。

しかし、官庁は多くの許認可権をもち、法規に基づいた行政指導をおこなって、関連する企業など社会の各種団体を実質的に支配できる。また、補助金の新設・増額・配分を通じて、地方公共団体や業界団体などに大きな影響力を振るうこともできる。

こうしたことから、政治家や産業界との間に癒着（国民の利益に反するむすびつき）が生じ（政官業癒着)、天下り（公務員が退職後あるいは中途で大企業などに再就職すること）、政治腐敗など、さまざまな問題があらわれるようになった。とくに、運輸・建設・医療など特定の政策分野に通じている族議員と関係業界・団体とのむすびつきは、問題が大きい。

このような行政権の肥大化は、議会の立法権を侵害することになり、また議会による行政機構への監督機能が低下し、議会制民主主義が形ばかりのものとなるおそれが強い。

3-7-4 行政改革

日本国憲法の第15条は、「すべての公務員は、全体の奉仕者であって、一部の奉仕者ではない」と定めているが、ときとして、行政が国民の利益に反する形式主義や秘密主義におちいったり（官僚主義）、高級官僚が政治に大きな影響力をふるうこともある（官僚政治）。

行政機構が大きくなるにつれて、行政権だけが強くなって三権分立の原則がくずれ、議会政治が形式化するおそれが強くなった。また、行政にかかる費用も増えすぎ、赤字財政の問題も深刻になった。

そこで、1981年以来、肥大化した行政の改革が進められるようになった。行政改革を通して、行政上のむだな支出を減らし、経費の節約・効率やサービスの向上のため、行政機構の簡素化や再編成をおこない、また業務の一部を民間に委託したり、地方公共団体に移すようになった。2001年からは、国の行政機関も再編成されることになった。

また、行政の中立性を確保するため行政委員会がもうけられたり、行政が密室化しないよう情報公開制度の整備が検討されるようになった。さらに、行政に対する国民の監視を強めるため、行政監察官（オンブズマン）制度や、審議会の公開制（サンシャイン制）を取り入れることも提案されている。

3-8 人権

基本的人権とはどんなものがあるのか？
新しい人権にはどんなものがあるのか？

3-8-1 基本的人権とは

基本的人権（人権）とは、人が人として生きる上で欠くことのできない権利である。国家がつくられる以前に、すでに各個人がもっていたとする権利で、自然権とも呼ばれる。この権利は、国家といえども奪うことはできないと考えられている。

現在、基本的人権は、自由権・平等権・請求権・参政権・社会権などに分けられる。これらは、西欧各国の市民革命のなかで、歴史的に認められてきたものであり、あるいは、そののち時代の要請によって加えられてきたものである。

3-8-2 さまざまな人権

自由権とは、国家権力が国民生活へ不当に介入させないようにすることで、個人の自由を実現する権利である。市民革命を通じて獲得したため、18世紀的人権と呼ばれ、国家からの自由を実現する消極的な権利と言われる。精神の自由・身体の自由・経済の自由などが含まれる。

精神の自由は、思想・良心の自由、信教（信仰）の自由、結社の自由、表現の自由などからなる。身体の自由は、不当な逮捕や拷問からの自由などからなる。経済の自由は、居住移転の自由、職業選択の自由、財産権などからなる。

平等権とは、すべての人が等しくあつかわれることを要求する権利である。

貧富の差が大きくなると、社会的・経済的弱者にとって、自由・平等の権利も形だけのものになってしまう。そこで、弱者にも実質的な平等を保障するため、公共の福祉によって強者の自由を制限することを認めている。

参政権とは、国民が国の政治に参加する権利である。これは国家からの自由を実現する権利で、選挙権・被選挙権・直接請求権などがある。

社会権とは、社会的弱者が、国家に対して「人であることにあたいする生活」の保障を要求する権利である。国家によって生きる自由があたえられるので、国家による自由と呼ばれる。これは、消極的な権利である自由権だけでは守りきれなくなった社会的・経済的弱者の人権を保障するためにつくられた、福祉国家の理念に基づく権利である。

日本国憲法は、生存権・教育を受ける権利・勤労権・労働三権（団結権・団体交渉権・団体行動権 / 争議権）などを保障している。

3-8-3　新しい人権

第二次世界大戦後、急激な社会の変化にともなって、公害問題など、憲法の規定では対処できない人権の侵害が生じるようになったため、人間らしく生きるための「新しい人権」が主張されるようになった。

憲法が制定された時代には考えられなかった問題・現象に関係するため、憲法には明記されていない。しかし現在では、裁判や市民の要求によって、実質的な人権として形成されつつある。日本では、日本国憲法の第 13 条で保障される「**幸福追求権**」などが、新しい人権のための法的根拠とされている。

新しい人権としては、環境権・プライバシーの権利・知る権利・アクセス権・平和的生存権などが代表的である。

環境権とは、すんだ水や空気、日照、よいながめなど、生命や健康を守るためによりよい環境を求める権利である。幸福追求権と生存権を根拠に生まれた権利で、開発事業者に対して義務づけられる環境アセスメント（環境影響評価）などは、そのための制度である。

プライバシーの権利は、他人に知られたくない自分の秘密・個人情報を、他人から守る権利である。

知る権利は、政府や企業の活動を監視するため、国民が必要な情報を知る権利である。知る権利をもとに、情報を求める権利も主張されるようになり、この権利にこたえるため、地方公共団体によっては、情報公開条例を制定するところもある。

アクセス権は、マス・メディアに対して、誤報などに反論するなどのため、情報の受け手が意見を述べる場を要求する権利である。

このほか、新しい人権として、名誉権・肖像権・嫌煙権・日照権・眺望権・静穏権などがある。

3-8-4　人権の国際化

第二次世界大戦中の 1941 年、人権意識の低いファシズム国家の日本・ドイツ・イタリアに対して、アメリカ大統領 F ＝ローズヴェルト（ルーズベルト）は、「4 つの自由」の実現をとなえた。4 つの自由とは、言論と表現の自由・信教の自由・欠乏からの自由・恐怖からの自由をさすが、これをきっかけに、各国の国内問題とされていた人権問題を、国際社会が共通の問題として取り上げるようになった。

人権尊重は、大西洋憲章（1941 年）や国際連合憲章（1945 年）のなかでもうたわれ、1948 年には、国連総会で世界人権宣言が採択された。「すべての人民とすべての国とが達成すべき共通の基準として」、人権を保障しようという画期的な宣言であった。

こののち、1966 年、**国際人権規約**が国連総会で採択された。これは法的な拘束力のある規約で、1976年に発効し、日本も1979年に批准した。これにより、世界各国は、人権保障の法的義務を負った。ただし、条約であるため、批准しない国に対しては、法的拘束力がない点が、限界となっている。

現在でも、大量虐殺や人道に反する犯罪は、各地で起こっている。そうしたなか、国境をこえた人権保障の活動がさかんになり、民間団体（非政府組織、NGO）のアムネスティ - インターナショナル（国際人権救済機構）は、代表的である。

復習しよう

＊できなかったところは、もう一度復習しよう。

問 1　住民一人一人が、地域社会の問題の解決に自発的に参加して行う運動を何というか。正しいものを、次の①〜④のうちから一つ選びなさい。(☞ 3—3—7)

①住民運動　②国民運動　③地域運動　④社会運動

問 2　19 世紀なかごろに、「人民の、人民による、人民のための政治」という言葉で有名な演説を行った人は誰か。正しいものを、次の①〜④のうちから一つ選びなさい。(☞ 3—2—2)

①ワシントン　②ウィルソン　③ケネディ　④リンカーン

問 3　世界で最も早い時期に男女平等の普通選挙が行われた国はどこか。正しいものを、次の①〜④のうちから一つ選びなさい。(☞ 3—2—7)

①日本　②ドイツ　③アメリカ合衆国　④イギリス

問 4　イギリスや日本が採用する議院内閣制の特徴として正しいものを、次の①〜④のうちから一つ選びなさい。(☞ 3—5—2)

①首相は議会によって選出され、議会に対して責任を負う。
②首相は議会によって選出され、国民に対して直接責任を負う。
③首相は国民によって選出され、議会に対して責任を負う。
④首相は国民によって選出され、国民に対して責任を負う。

問 5　アメリカ合衆国が採用する大統領制の特徴として正しいものを、次の①〜④のうちから一つ選びなさい。(☞ 3—5—3)

①大統領は国民によって選出され、議会に対してきわめて独立性が強い。
②大統領は議会によって選出され、議会に対して責任を負う。
③大統領は国民によって選出され、閣僚は議会の議員から任命する。
④大統領は議会によって選出され、閣僚は議会の議員職を兼ねることができない。

問 6　三権分立の説明として最も適切なものを、次の①〜④のうちから一つ選びなさい。(☞ 3—2—4)

①国家権力を立法・軍隊・行政の 3 権に分けて、互いに抑制と均衡をはかり、少数の権力者による専制政治を防ぐ。
②国家権力を立法・行政・司法の 3 権に分けて、それぞれが専門の仕事に専念できるようにする。
③国家権力を立法・警察・行政の 3 権に分けて、互いに抑制しあって、不正のない政治が行われるようにする。
④国家権力を立法・行政・司法の 3 権に分けて、互いに抑制と均衡をはかり、少数の権力者による専制政治を防ぐ。

問 7　社会権の説明として正しいものを、次の①〜④のうちから一つ選びなさい。(☞ 3—2—8)

①すべての人が、社会のなかで平等に扱われることを要求する権利。
②国家に対して、人間らしい文化的・健康的な生活の保障を要求する権利。
③国家権力による生活への不当な介入を防ぎ、個人の自由を守る権利。
④国民が、国政に平等に参加する権利で、選挙権や請求権などがある。

問 8　選挙制度の説明として正しいものを、次の①〜④のうちから一つ選びなさい。(☞ 3—3—3)

①大選挙区制は死票が多く、小政党は議席をもちにくい。
②小選挙区制は死票が多いが、政治が安定し、二大政党制に結びついていく。
③大選挙区制は死票が少なく、政治が安定し、二大政党制に結びついていく。
④小選挙区制は死票が少なく、小政党も議席をもちやすい。

問 9　日本国憲法の三大基本原理とは何か。組み合わせとして正しいものを、次の①〜④のうちから一つ選びなさい。(☞ 3—6—5)

①国民主権・平和主義・平等主義
②立憲君主制・基本的人権の尊重・平等主義
③国民主権・基本的人権の尊重・平和主義
④民主主義・基本的人権の確立・平和主義

4-1 集団安全保障

> 集団安全保障体制にはどんなものがあるか？
> 平和を維持するためにどんなことがおこなわれているか？

4-1-1 勢力均衡政策

近代国家は、15世紀末から18世紀前半にかけてヨーロッパであいついで生まれた。1648年に三十年戦争を終わらせるため開かれたウェストファリア会議では、各国の主権の独立と平等が確認されて、主権国家が対等な立場で向きあう近代的な国際社会が成立した。

市民革命をへて国民国家となった各国は、複雑な同盟関係をたがいにむすんで、多数の国家が対抗しながら、相対的に安定した国際関係を維持した。ここから、国際的平和を維持するには、対立する国家群が、それぞれの同盟によって力のバランスをたもち、たがいに相手を攻撃できないようにする、つまり、軍事力を中心とした勢力均衡をつくりだすことにあると、考えられるようになった。

各国は、この考えに基づく勢力均衡政策をとるようになり、しだいに軍備を増強するようになった。その結果、軍備拡張の競争が起こり、三国同盟（ドイツ・イタリア・オーストリア）と三国協商（イギリス・フランス・ロシア）の対立が、ついに1914年、第一次世界大戦を引き起こした。

4-1-2 集団安全保障体制

第一次世界大戦は、敗戦国だけでなく戦勝国にも大きな被害をあたえた。そこで、力の対決をさけ、敵対する国々も含めた国際会議や国際機構を設けて、世界平和を維持しようとする集団安全保障の考えが広まった。これは、集団安全保障体制によって、ある国が他国を侵略した場合、加盟国全体がその侵略国に対して経済制裁や軍事行動をおこない、あるいはそれを示唆することで、侵略を阻もうというものである。

この考えに基づき、1920年、アメリカ大統領ウィルソンの提唱によって、42か国で発足したのが、国際連盟（League Nations）である。これは、集団安全保障体制に基づく、史上初めての国際平和機構であった。

4-1-3 国際連盟

国際連盟は、総会・理事会などの主要機関をおき、安全保障や軍備の縮小、国家間の紛争を平和的に解決する国際裁判の確立などをめざした。

しかし、国際連盟には問題点が多かった。まず、全会一致制をとっていたため、総会・理事会の意思決定（決議）が困難であり、また、連盟の決定は侵略国への勧告にとどまり、制裁の手段も経済制裁しかなかった。さらに、大国のアメリカやソ連が加盟せず、平和維持の機能が有効にはたらかなかった。

このため、国際連盟は、第二次世界大戦を防ぐことができなかった。

4-1-4　国際連合

第二次世界大戦のさなかの1941年、国際連盟の失敗を教訓に、連合国のイギリスとアメリカの首脳は、大西洋憲章（Atlantic Charter）のなかで、戦後の安全保障制度の確立をうたった。これを受けて、戦後の国際平和機構の設立準備が進められ、1945年、サンフランシスコ会議において国連憲章（United Nations Charter）が採択され、原加盟国51か国で国際連合（国連、United Naitons、UN）が創設された。

国連の機構のなかで、国際平和と安全に直接責任をもつのが、**安全保障理事会**である。アメリカ・イギリス・フランス・ソ連・中国の五大国が常任理事国となり、それぞれが拒否権をもつが、**常任理事国の１国でも反対すれば、決議は成立しない。**

このため、安全保障理事会が機能をはたせない状況がしばしば発生したので、1950年、総会で「平和のための結集」が採択され、総会の権限が強められた。

また、国連憲章は国連軍の設置を定めているが、冷戦時代は米ソの対立で、憲章に基づいた国連軍を組織することができなかった。

4-1-5　地域的集団安全保障機構

戦後、米ソ両陣営の軍備増強、軍事同盟の結成、経済的・外交的な圧力など、米ソの対立を中心とする冷戦が激しくなると、国連による国際安全保障の機能がはたらかないことが明らかになった。

そこで、米ソ両陣営とも、同盟国との間で、地域的な集団安全保障機構を組織するようになった。アメリカを中心とする西側陣営は、1949年、加盟国への攻撃を全加盟国への攻撃とみなし、集団自衛権を行使するとした**北大西洋条約機構（NATO）**を結成した。

アメリカは、アジアでも日本、韓国、中華民国（台湾）との間で**安全保障条約**を、オーストラリア・ニュージーランドとの間でANZAS（アンザス、相互安全保障条約）をむすび、さらに東南アジア条約機構、米州機構を組織していった。

対して、ソ連は東欧諸国との間で、**ワルシャワ条約機構**を結成した。

4-1-6　平和共存

1950年に勃発した朝鮮戦争では、冷戦が「熱い戦争」になった。このため、1955年に開かれたアメリカ・イギリス・フランス・ソ連の4巨頭会談で、安全保障問題が話しあわれ、平和共存が確認された。こののち、世界大戦への発展が心配された1962年のキューバ危機も回避され、**緊張緩和（デタント）**が進んだ。

こうした流れを受け、1975年、東西ヨーロッパ諸国とアメリカ、カナダなど35か国による全欧安保協力会議（ＣＳＣＥ）が開催され、全ヨーロッパの安全保障や人権保障などを内容とするヘルシンキ宣言が採択された。1995年には、欧州安保協力会議（ＯＳＣＥ）に改称され、現在、加盟国は55か国となっている。

4-1-7　多国籍軍とＰＫＯ

1991年のイラクに対する湾岸戦争では、国連での武力容認決議を受けて、アメリカを中心とする**多国籍軍**が編成された。多国籍軍は、国連が侵略国に対して、国連軍による制裁が実質的にできないことから生まれた便宜的な制裁措置であった。

これと同じように、国連軍による軍事的強制措置のかわりに考案されたのが、**国連平和維持活動（ＰＫＯ、**Peace-Keeping Operation）である。

ＰＫＯは、加盟国が自発的に提供した要員や部隊を国連が派遣して、紛争を鎮静化し、治安を維持する活動である。その活動をおこなうため、軽武装の**国連平和維持軍（ＰＫＦ）**や、停戦監視のための停戦監視団、選挙が自由におこなわれるよう監視する選挙監視団などが組織される。

日本も、1992年、「国連平和維持活動協力法」が制定され、カンボジアなどへ要員が派遣された。

4-1-8　軍縮

冷戦の激化で、米ソ両陣営は軍備拡張（軍拡）をきそいあった。その結果、核兵器は、世界を何度も滅亡させることができる量が作られ、生物・化学兵器も大量に保有されるようになった。

このため、このような軍拡を停止させ、また大量殺戮兵器の拡散を防ごうという国際世論が高まった。これを受けて、1952年、国連総会の決議により国連軍縮委員会が設置され、米ソを含めた国々が交渉を続けた。

1963年、アメリカ・ソ連・イギリスの3か国は、核実験を部分的に停止するための部分的核実験停止条約（ＰＴＢＴ）を、1968年には、非核国へ核兵器とその技術を与えるのを防ぐための核拡散防止条約（ＮＰＴ）をむすぶにいたった。

生物・化学兵器についても、1972年の生物・毒素兵器禁止条約や1993年の化学兵器禁止条約などがむすばれ、製造禁止や廃棄の努力が続けられている。

冷戦が終結すると、米ソは**戦略兵器削減条約（ＳＴＡＲＴ）**をむすび、1996年、国連総会は、**包括的核実験禁止条約（ＣＴＢＴ）**を採択して、これ以上の核兵器開発の中止を世界各国に要求した。

4-2 国民国家体制

ナショナリズムとは何か？

4-2-1 国民国家

国際社会を構成する基本的な単位は、**主権国家**（sovereign state）である。主権国家とは、その国の最高意思決定機関をもち、どの国にも従属せず独立を保っている国家をいう。今日、ほとんどの主権国家は、国民（nation、民族）を基盤とする国民国家である。

ヨーロッパにおいては、かつて主権国家は絶対的権力をもつ君主に支配されていたが、18～19世紀の市民革命をへて主権が国民のものとなると、国民的な一体性が市民の間で自覚されるようになり、国民国家（nation state）へと変質していった。

nationは、近代国家の枠内で形成された国民という意味をもち、伝統的に形成された民族（ethnic group）と区別されて考えられるようになっている。

4-2-2 ナショナリズム

国民とは、文化や言語、生活様式、あるいは経済圏などを共通にもつ、政治的に強い一体感をもつ住民の集合体のことである。教育やマスメディアなどによって国民あるいは民族という意識が強められるにつれて、国民の一体感や自国民本位・自民族本位の意識が高まり、ナショナリズムが生まれた。

時代により、ナショナリズムは国民主義・国家主義・民族主義と訳される。

フランス革命によって生まれた近代ナショナリズムは、民主主義や自由主義とむすびついて、中世の帝国や教会による統合をやめさせたり、君主の支配する国家を否定して、近代国家を形成させる大きな役割をはたした。

19世紀前半ころの国民ということばは、身分などの差別がなく平等の権利をもつ国家の構成員という意味でもちいられていた。

しかし、1870年ころを境に、ナショナリズムは変質し始め、国家を至上の価値とみる国家主義の傾向を強めていった。この結果、強い国家は弱い国家を侵略して従属させたり植民地化するようになり、帝国主義の時代をつくりだした。

これに対して、従属国や植民地では、強国の支配からぬけだし、民族（nation）の独立と自由の獲得をめざすナショナリズムがさかんになった。このナショナリズムは、ふつう民族主義と訳される民族独立運動を生みだし、第二次世界大戦後、多数の国々が独立をかちとることで実をむすんだ。

4-2-3　国民国家と国際社会

今日の国際社会を構成する基本単位は、主権をもつ国民国家である。第二次世界大戦後、それまで植民地であった地域があいついで独立し、世界のほぼすべての地域が国民国家となった。国民国家からなる国際社会が形成されたのである。

主権国家の国民がひとつにまとまり、国民国家の主権が保障されることは、国際社会での平和の基礎である。しかし、ナショナリズムが限度をこえると、国家間の紛争をまねきやすい。近代になって以降、国際政治を激しくゆり動かしてきたのは、このナショナリズムといえる。

そのため、ナショナリズムは、国民国家が互いに主権や文化を尊重しあい、善隣友好につとめるものでなければならない。それと同時に、国内の少数民族（ethnic group）の権利を尊重する多民族国家に変わらなければならない。

4-3 地球環境問題

> 地球環境の現状はどのようであるか？
> 環境の保護とその問題とは何か？

4-3-1 産業革命と環境破壊

産業革命を境に、人類による自然破壊や環境汚染は、自然のもつ回復力や浄化能力を上回るようになった。そして、1970年代以降の世界的な工業化や発展途上国を中心とする人口爆発によって、自然破壊や環境汚染は、一国の問題の範囲をこえて、全世界規模の問題となった。

なかでも、地球規模の広がりをもつことから、地球環境問題といわれる問題が注目を集めるようになった。オゾン層の破壊・砂漠化の進行・酸性雨・地球温暖化・熱帯雨林破壊などである。

4-3-2 酸性雨

工場の排煙や自動車の排気ガスには、硫黄酸化物や窒素酸化物が含まれているが、これらが大気中で硫酸や硝酸に変わり、酸性の強い雨となって地上にふりそそぐ。

酸性雨は広い範囲にわたって森林や農作物を枯れ死させ、湖沼の魚類を死滅させる。欧米先進国だけでなく、工業化を進めているアジアなどの発展途上国でも酸性雨の被害は広がっているが、酸性雨対策は欧米ほど進んでいない。

4-3-3 地球温暖化

工業化や都市化は、大量の石炭や石油など化石燃料の消費によって進められてきたが、この化石燃料の消費は大気中に二酸化炭素の量を増やす。二酸化炭素は太陽の光を通すが、熱を地球の外に逃がさないため、温室効果が生じて、地球表面の温度を高めてしまう。この現象が地球温暖化である。

この温暖化により、地球の平均気温は今後1世紀の間に3℃上昇し、農林業や水資源へ大きな打撃をあたえることが予想されている。

地球温暖化を防ぐには、全世界的に二酸化炭素の発生量をおさえなければならない。そのため、1992年、ブラジルのリオデジャネイロで**国連環境開発会議（地球サミット）**が開かれ、二酸化炭素の排出量をおさえる**地球温暖化防止条約**がむすばれた。

1997年には、地球温暖化防止のための温暖化防止京都会議が開かれ、先進工業国が2008～2012年までに、温室効果ガスを1990年に比べて5％減らすこと、などを決めた**京**

都議定書が採択された。

4-3-4 オゾン層の破壊

成層圏のオゾン層は、太陽光線のうちの生物に有害な紫外線を吸収する。しかし、クーラーの冷媒や半導体の洗浄剤などに使われるフロンガスは、分解されることなく成層圏に達し、オゾン層を破壊する。

この破壊が進むと、オゾン濃度の薄いオゾンホールが発生し、そこから有害な紫外線が地上にふりそそぐことになる。皮膚ガンなどの健康被害や植物の生育障害が起こるなど、将来、大きな被害が出ることが予想されている。

このため、1987年、オゾン層の保護をめざす**モントリオール議定書**が採択され、続いて1989年、「ヘルシンキ宣言」がだされて、2000年までにフロンガスの生産と消費をすべて廃止することが決められた。

4-3-5 砂漠化

地球上の陸地の3分の1は乾燥地帯だが、現在、1年に6万km²の割合で乾燥地域は増えており、これが砂漠化と呼ばれる環境問題である。

砂漠化の原因はおもに、乾燥地域の人口急増によって、過剰な放牧や樹木伐採などが続き、土がやせて砂漠化を進行させたためである。1980年代に入ると、砂漠化がいっそう進み、影響を受ける人口は2億人をこえた。

こうした事態を受けて、国連環境計画（UNEP）の主導で、1974年、砂漠化防止行動計画が国連総会で採択され、乾燥地域に対する灌漑・植林の事業、農業の普及などが進められている。

4-3-6 熱帯雨林破壊

地球上には、南米のアマゾン川流域・アフリカのザイール川流域・インドネシアなどに、世界の森林面積の50％をしめる熱帯雨林があるが、1年に17万km²が破壊されている。熱帯雨林の破壊は、酸素の供給量が減少し、野生生物種が絶滅するおそれがある。

国連機関や各国政府は、無計画な伐採防止や焼き畑農業の転換など対策を進めているが、十分とはいえない。

4-3-7 環境保護

地球環境には国境がないため、地球環境問題は国際的な協力が必要である。1972年、スウェーデンのストックホルムで開催された国連人間環境会議では、「かけがえのない地球」を守るため、国連環境計画（UNEP）が設立されるなど、国連を中心に世界各国が環境保護で協力する体制がつくられた。

国連や国際機関、各国政府、民間団体によって、環境保護に関するさまざまな提案や対策がおこなわれている。

環境保護をめざす条約には、

オゾン層保護をめざすモントリオール議定書、
地球温暖化の防止をめざす気候変動枠組み条約、
野生生物種の保護や生物資源の持続的利用などをめざす生物多様性条約、
絶滅のおそれのある野生生物種の保護をめざす**ワシントン条約**、
湿地の保護をめざす国際湿地条約（**ラムサール条約**）

などがある。

欧米先進国では、開発にともなう環境破壊を前もって調査し、計画の適否を評価して環境保護をはかる制度が法制化され、**環境アセスメント**と呼ばれている。

また、環境を汚染した者に処理費用を負担させ、また環境破壊の抑止をはかろうという制度は、ＰＰＰ（汚染者負担の原則）と呼ばれる。

これに対して、環境の利用者に課税する税制が、環境税である。オランダやスウェーデンなどでは、二酸化炭素税が施行されている。

4-3-8　環境保護運動

破壊されていく自然環境を、その土地などを住民が買い取ることで保存をしていく環境保護運動は、**ナショナル＝トラスト**と呼ばれる。日本でも、知床半島などで展開されている。また立木トラスト運動は、地権者から立木を買い取り、伐採にともなう開発をくいとめて環境を守ろうという運動である。

ほかに、消費者が環境への負担が少ない商品を選ぶグリーン＝コンシューマー運動や、歴史遺産の保護をめざす街並保存運動などが、注目されている。

4-3-9　環境保護の問題

リオデジャネイロで開催された国連環境開発会議（地球サミット）では、「**持続可能な開発**」をスローガンに環境保護が議論されたが、環境保護を優先させようとする先進国と、先進国に追いつくための開発の権利を主張する発展途上国との間で、意見が対立した。

この会議で、先進国と発展途上国との間に、深い溝のあることが改めて明らかになったが、先進国の大量生産・大量消費・大量廃棄の経済構造も、改めて大きな問題点として問われるようになった。

発展途上国が持続可能な開発をめざす以上、これまで先進国がとってきたエネルギー資源の大量消費型の経済構造は、改めなければならない。化石燃料の枯渇の問題だけでなく、地球環境保護の上からも、省資源・省エネルギーと代わりのエネルギーの開発は、重要な課題となっている。

4-4 国連と国際機構

国連とはどんな組織か？
どんな問題があるのか？

4-4-1 国際連盟の失敗

アメリカ大統領ウィルソンの提唱にこたえて、国際連盟は、1920年、原加盟国42か国で発足した。本部はスイスのジュネーブに置かれた。

民族自決と国際協調をうたい、国家間の紛争を平和的に解決することを目的とした。そのために常設国際司法裁判所を設けて、国際法に基づく司法的な解決をめざした。

しかし、**総会・理事会の決議を全会一致制とした**ため、加盟国の間に対立があるときは、決議をすることができなかった。提唱国のアメリカや成立したばかりのソ連などの大国が加盟せず、また他国を侵略してあいついで脱退していった日本・ドイツ・イタリアなどに、有効な制裁をくわえることができなかった。

こうして、第二次世界大戦の勃発とともに、国際連盟は崩壊した。

4-4-2 国際連合（国連）成立

第二次大戦中、国際連盟の失敗を反省して、1941年、連合国のイギリスとアメリカの首脳は、大西洋憲章のなかで戦後の安全保障制度の確立をうたい、国際平和機構の設立準備を進めた。1945年、サンフランシスコ会議で国連憲章が採択され、国際連合（国連）が成立した。

国連の目的は、国際連盟と基本的に同じである。しかし、国連は侵略国に対して、「有効な集団的措置をとる」と定めている。

国連は二大国のアメリカ、ソ連を始め、ほぼ全世界の国が加盟した。

4-4-3 国際連合の機構

国連の中心的機関は、**安全保障理事会**と**国連総会**である。国際連盟が全会一致制をとっていたのに対して、**多数決で決議をおこなう**ことが規定されている。

総会では、加盟国の主権平等の原則から、国の大小に関係なく1つの国に1票があたえられている。安全保障理事会では、5つの常任理事国と任期2年の非常任理事国10か国の計15か国からなる。

安全保障理事会では、大国一致の原則から、アメリカ・イギリス・フランス・ソ連（のちにロシア）・中国の**5つの常任理事国に、拒否権をあたえている。**5つの国のうち1国でも反対すれば、安全保障理事会は決議をできない。
侵略国に対して、武力で制裁をおこなえるよう、**国際連合軍（国連軍）**をつくることも定められた。
また、経済社会理事会は、経済・社会・文化・教育・保健などの分野で、研究・報告・勧告をおこなう。
国際司法裁判所は、国際連盟の常設国際司法裁判所にかわるものとして、オランダのハーグに設立された。加盟国間に紛争が生じた場合、加盟国はこの裁判所に訴えることができる。
事務局（本部）はニューヨークに置かれ、総会が任命する事務総長と職員からなる。

4-4-4　国連平和維持活動（ＰＫＯ）

ＰＫＯは、加盟国が自発的に提供した要員や部隊を国連が派遣して、紛争をおさめたり治安維持などをはかる活動である。その活動をおこなうため、軽武装の**国連平和維持軍（PKF）**や、停戦監視のための**停戦監視団**、選挙が自由におこなわれるよう監視する**選挙監視団**などが編成される。
冷戦後、世界各地で地域紛争が起こるようになって、ＰＫＯの派遣は急増するようになったが、財政負担などの問題が高まっている。
近年おこなわれたＰＫＯでは、国連イラク・クウェート監視団（1991年〜）、国連カンボジア暫定統治機構（1992〜93年）、史上初めて武力行使をおこなった第二次ソマリア活動（1993〜1995年）、旧ユーゴスラビアでの国連保護軍（1992〜95年）などがあげられる。
第二次ソマリア活動、旧ユーゴスラビアでの国連保護軍は、「平和執行部隊」と呼ばれる新しいＰＫＯであったが、いずれも失敗した。

4-4-5　国際機構

国連のもとには、さまざまな専門機関が設置されている。
国連教育科学文化機関（UNESCO）は、教育の普及や科学・技術の基盤づくりを援助する機関で、発展途上国の貧困をなくすために活動をおこなう。
世界貿易機構（ＷＴＯ）は、世界貿易の紛争を解決したり、各国の貿易政策を審査するなど貿易秩序の確立をはかる活動をおこなう。1986年から93年にかけて行われたウルグアイ・ラウウンド（多国間交渉）での合意に基づきGATTよりも扱う範囲や紛争処理機能が拡大、強化された国際機関として、GATTにかわるものとして1995年に発足した。
国際通貨基金（ＩMF）は、世界の通貨秩序の確立をはかる活動をおこなう。
このほか、**世界保健機関（ＷＨＯ）**や**国際労働機関（ＩLO）**、**万国郵便連合（UPU）**などがある。

このほかにも、非政治的な国際機構は数多く組織されており、1894年に結成された**国際オリンピック委員会（ＩＯＣ）**、**国際赤十字**などは、代表的な組織である。

4-4-6　国連の問題点

国連憲章第7章によって、国連は軍事的強制措置をとることができる。しかし、憲章に基づいた国連軍が編成されたことは一度もない。

朝鮮戦争以降における「国連軍」は、安全保障理事会の武力行使を認める決議に基づいて各国が自発的に派遣した部隊で、特別国連軍と呼ばれ、憲章に基づく正式の国連軍ではない。

これは、米ソの対立のため安全保障理事会が機能しなかったことによる。そのため、憲章に定められていないＰＫＯが、かわりにおこなわれている。

安全保障理事会は、しばしば五大国のいずれかの国が拒否権を用い、機能を失ってきたため、大国主義への不満が生まれた。

また、国連の分担金を滞納すると、総会での投票権を失う規定がある。そのため、1997年には、加盟国の約4分の1にあたる43か国が、総会の投票権を失う事態におちいった。

近年、国連の活動範囲が広がって、組織の肥大化や非効率が問題となり、機構の改革や分担金の負担など、国連の行財政改革が議論されるようになっている。

4-5 南北問題

> 南北問題とはどんな問題か？
> それを解決するためにどんなことがおこなわれているか？

4-5-1 宗主国と植民地

19世紀後半から本格化した帝国主義の時代に、南半球の国々・地域は、欧米資本主義諸国の支配地となった。

なかでも植民地では、政治的・軍事的な支配がおこなわれただけでなく、経済的な支配も強力におこなわれ、原材料・食料（一次産品）の供給地、宗主国の商品市場として、宗主国の経済に組みこまれた。一次産品は不当に安く買い上げられ、宗主国の商品は不当に高く売りつけられるなど、植民地の富は一方的に宗主国へ吸い上げられていった。

4-5-2 南北問題

第二次世界大戦後、ほとんどの植民地は独立をはたした。しかし、戦後発足したＩＭＦとGATTによる国際経済秩序のなかで、自由貿易が国内経済にプラスとなったのは、欧米の先進工業国だけであった。

新たに独立した国々は、植民地時代と同じように、一次産品に大きく依存する**モノカルチャー経済**からぬけでることができなかった。長い間資源や食料の供給地とされたため資本の蓄積が少なく、工業化も進んでいなかったため、先進工業国との経済格差はますます広がった。

この経済格差の問題は、1960年代に入ると、南北問題として世界経済の新たな課題となった。

4-5-3 国連貿易開発会議（UNCTAD）

1961年、先進工業国が組織するＯＥＣＤ（経済協力開発機構）が、その下部機関としてＤＡＣ（開発援助委員会）をつくり、発展途上国の援助を始めた。

一方、国連の決定により、1964年、国連貿易開発会議（UNCTAD）が開催された。このなかで、南側諸国からＩＭＦとGATTによる国際経済秩序に対する不満が表明され、発展途上国の軽工業品など関税上、無差別に優遇する一般特恵関税や、開発のための融資などが要求された。

しかし、2度の石油危機などによって先進国の経済が停滞すると、この提案も実現しなかった。こののちも、南側は、一次産品の国際価格の安定、経済援助の拡大、開発融資の拡大などを先進国側に要求するが、北側がなかなか実行しないのが実状となっている。

4-5-4 資源ナショナリズム

1950年代に入ると、それまで、先進工業国の企業に支配されていた天然資源を、自国の永久不変的な主権のもとにおこなう、という資源ナショナリズムの動きが出てきた。これを受けて、1962年、国連総会で、「天然資源に対する恒久主権宣言」が採択された。

1973年、第4次中東戦争をきっかけに、**OPEC（石油輸出国機構）**は石油価格の大幅引き上げをおこなったが、先進国はこれをおさえることができなかった。この成功を見て、ボーキサイトや水銀、鉄鉱石などの生産国連合が結成されるようになった。

こうして途上国側の発言権が高まり、1974年、国連資源総会で、「新国際経済秩序（ＮＩＥＯ）樹立宣言」が採択された。このなかで、多国籍企業の規制、生産国のカルテルの促進、天然資源の恒久的主権、一次産品の価格保障などが、先進国に対して要求された。

4-5-5 累積債務

発展途上国の政府は、経済的に独立するには産業化を進めることが重要であると考え、先進国から多くの資金を調達した（借金をした）。しかし、工業化はうまく進まず、債務が返済できないため、さらに大きな借金をする国が出てきた。

1980年代に入る、メキシコやブラジルなど中南米諸国を中心に、債務返済危機におちいる国が続出した。そのため、先進諸国は、債務返済くりのべ（リスケジューリング）などの救済策を、これらの国々に対してとった。

4-5-6 南南問題

1980年代になると、南側の国々の間でも、格差が大きくなった。韓国・シンガポール・香港・台湾などのNIES（新興工業経済地域）のように、成長を続けて工業化に成功した国や地域がある一方で、多くの発展途上国はあいかわらず経済発展が停滞したまま、社会環境の悪化や飢餓に苦しんでいる。さらに、原油を産出する産油国と非産油国との間でも、大きな格差が生じた。

この結果、産油国は世界中に投資できる余剰資本をもつほどに富み、一方で、新興工業国は中所得国に、非産油国などは低所得国（後発発展途上国、ＬＬＤＣ）といわれるようになった。

このため、南側のなかの先進国と貧しい発展途上国との間で、対立が起こり、南南問題と呼ばれている。

4-6 開発援助

日本の開発援助（ＯＤＡ）はどのようなものか？
新興工業経済地域についてまとめておこう

4-6-1 経済援助

南北問題を解決するため、1961年、**OECD（経済協力開発機構）**は、その下にＤＡＣ（開発援助委員会）をつくり、発展途上国の援助を始めた。また、国連の決議により、1964年、南北問題解決の協議機関として国連貿易開発会議（UNCTAD）が設置された。

こうして、先進諸国は、本格的に発展途上国に対して、長期・低利の資金を提供する経済援助をおこなうようになった。

4-6-2 ＯＤＡ（政府開発援助）

日本の援助は、1950年代に、第二次世界大戦に対する賠償とむすびついて始められ、1960年代には借款（資金を貸すこと）が中心となって進められた。

1964年、日本はＯＥＣＤ（経済協力開発機構）への加盟が認められ、発展途上国に対する政府開発援助（ＯＤＡ）の提供を始めた。経済力の増大と急増した貿易黒字を背景に、1978年以降、5回にわたりＯＤＡの中期目標をもうけて、その拡充につとめた。この結果、1989年にはＯＤＡ総額はアメリカをぬき、世界最大の援助国になった。

日本のＯＤＡについては、借款が中心で無償援助が少ないことや、民間援助団体（ＮＧＯ）など民間による援助が少ないこと、貧しい人々の生活の向上に役だってないことなどが、問題視されている。

このため、政府は、それまでの道路・橋・港などの産業基盤の整備から、医療・教育・保健サービスの提供、環境保全のための援助など、国民生活の安定に援助の比重を移している。

4-6-3 新興工業経済地域

こうした先進国の援助により、1970年代になると、韓国・シンガポール・香港・台湾などのアジアの国々・地域、あるいはブラジル・メキシコ・アルゼンチンなどの中南米の国々のように、工業化をとげて製品を輸出するようになった国々・地域があらわれるようになった。これらの国々・地域は、**NIES（ニーズ、新興工業経済地域）**と呼ばれる。

とくにアジアのNIESは、政府が開発独裁とも呼ばれる強い指導力で、工業化を進めため、累積債務の問題を克服し、高度経済成長をとげた。

このの5、マレーシア・インドネシア・タイなどのASEAN諸国も、アジアのNIES諸国を追いかけるように高度経済発展をとげた。

しかし、1997年、タイの金融・通貨（バーツ）不安をきっかけに生じた通貨危機で、それまで急速に発展してきたASEAN諸国や韓国・台湾は、大きな打撃を受け、深刻な経済危機にみまわれた。

4-7 民族問題・紛争

> 世界の民族紛争、地域紛争にはどのようなものがあるか？
> 少数民族、難民問題はどのような解決がはかられているか？

4-7-1 紛争地域

民族紛争や地域紛争は、宗教的な対立や部族対立がからんで、冷戦の終結前から世界各地で起こっていた。

プロテスタント系住民と少数派カトリック系とが争う**北アイルランド紛争**、中国からの分離独立を求める**チベット紛争**を始め、カンボジア・パレスティナ・バスク・クルド人・東チモール・スリランカなどの紛争・問題があげられる。

地域的にみると、かつては中東・アフリカ・中南米に多くみられたが、冷戦が終わったのちは、旧ソ連や東欧圏、とくに旧ユーゴスラビア、中央アジアなどでも多発するようになった。このほか、朝鮮半島の南北対立、中国・台湾問題がある。

4-7-2 民族対立

ソ連解体までは、社会主義体制のもとでおさえられていたソ連国内の民族的な矛盾・対立が、冷戦の終結とともに、1990年代に一挙に噴きだした。アルメニア共和国とアゼルバイジャン共和国のナゴルノ＝カラバフ自治州をめぐる紛争、チェチェン共和国のロシアからの分離独立紛争は、代表的なものである。1992年に始まった**ユーゴスラビア内戦**も、民族的対立を背景にしていた。

アフリカでも1990年代に入ると、ルワンダやソマリアで内戦が深刻になり、数多くの難民が発生した。

ほんとんどの民族紛争・地域紛争は、宗教的対立や部族対立、大国の利害などがからみあい、問題を複雑にしている。国連のＰＫＯやアメリカを中心とする多国籍軍が、紛争地に派遣されることもあるが、失敗することが多い。

そのなかでも、アフガニスタンは成功例といえる。1978年のクーデター、翌年のソ連軍の侵攻以来、激しい内戦がくりひろげられたが、多数派民族パシュトゥン人のイスラム原理主義派タリバンが1990年代後半、国内の大半を支配下においた。しかし2001年、アメリカ軍を中心とする国際的な軍事介入によって内戦状態が解消されることになった。

4-7-3 少数民族問題

多くの国では、国内に少数民族問題をかかえている。国連の推計によると、先住民族とみずからを呼ぶ人々は、3億人になるという。

日本のアイヌ人、ネイティブ＝アメリカン（アメリカ・インディアン)、イヌイット(エスキモー)、オーストラリアのアボリジニーなどが代表的で、これら先住民の多くは、近代以降の欧米列強の支配と同化政策によって文化・言語・生活基盤をうばわれてきた。

近年、先住民族みずからのアイデンティティ（民族的自我）を確立する運動がさかんになり、1993年、国連はこの年を「国際先住民年」と定め、先住民族に対する国際世論をもり上げた。

これとは別に、南アフリカ共和国では、長く**人種隔離政策（アパルトヘイト）**がおこなわれてきた。しかし、1991年、人種隔離関連法が撤廃され、制度上、人種差別はなくなった。

一方で、国内に複数の民族が共存する多民族国家（多文化国家）がある。たとえばスイスやベルギーなどは、おたがい民族文化を尊重し、平和的に共存している。

4-7-4 難民問題

パレスティナ・ユーゴスラビア・ソマリア・ルワンダなど、世界各地の紛争地では、ほとんどの場合、大量の難民が発生し、1995年には、その数が2700万人に達している。

難民とは、人種・宗教・政治的言動などを理由に迫害を受けたり、迫害の恐怖からほかの国に保護を求めて逃れた人々と定義されている。しかし、実際には、よりよい経済的条件を求めてほかの国に逃れる経済難民や、内戦・環境破壊・自然災害などから逃れてくる人々も、一般に難民と呼ばれる。

難民を保護するため、1951年、難民の地位に関する条約（難民条約）と難民議定書が制定され、また国連には、国連難民高等弁務官事務所（ＵＮＨＣＲ）が設置されて、難民問題の解決にあたっている。

4-8 NGO・NPO

NGOにはどんな活動をしている団体があるか？
NPOはどんな役割をはたしているか？

4-8-1　19世紀の非政治的国際機構

19世紀後半、交通機関や通信技術の発達によって国際交流がさかんになり、国際協力が活発化し、非政治的な国際機構が数多く生みだされた。

なかでも、国際赤十字同盟や万国電信連合、一般郵便連合、国際オリンピック委員会（ＩＯＣ）などは、19世紀に組織された代表的な国際機構であった。

4-8-2　ＮＧＯ（非政府機構、Non-Governmental Organization）

ＮＧＯとは、もともと国連憲章第71章に基づき、国連の経済社会理事会と協議できる国際的な民間団体をさす。しかし、近年、飢餓・難民・災害・人権・環境・平和・軍縮・学術など、さまざまな国際協力活動に非営利の立場で活動する市民レベルの国際組織・団体も、広くＮＧＯと呼ぶようになっている。

今日では、ＮＧＯの存在は広く認められており、国際会議で政府間会議と同時にＮＧＯ会議を開催したり、あるいは国連の多くの会議にオブザーバーとして出席を認められる団体も多い。

ＮＧＯとしては、政治犯の釈放や人権擁護などにとりくむアムネスティインターナショナル、戦争犠牲者の保護などをおこなう赤十字国際委員会などが代表的な団体である。

日本では、1987年にＮＧＯ活動推進センターが設立され、1989年からは国内外のＮＧＯを支援する予算を、ＯＤＡ予算にくみこむようになった。

4-8-3　ＮＰＯ（非営利組織、Non-Profit Organization）

複雑化した現代社会においては、政府機関では処理しきれない問題があまりに多い。そこで、近年、障害者福祉・消費者運動・環境問題から、国際的な難民問題・地球環境問題・発展途上国への支援など、さまざまな社会問題の解決に大きな役割をはたしているのが、ボランティア活動や民間の非営利組織（ＮＰＯ）である。

日本では、1995年に発生した阪神・淡路大震災で、多くのボランティア活動が行われたが、このような非営利の活動に対して法律的に支援するため、1998年、特定非営利活動促進法（ＮＰＯ法）が制定された。これにより、ＮＰＯは日本でも広く定着しつつある。

復習しよう

＊できなかったところは、もう一度復習しよう。

問 1　敵対する国々も含めた国際機構を設けて、世界平和を維持しようという考え方は何というか。正しいものを、次の①〜④のうちから一つ選びなさい。(☞ 4—1—2)

①集団安全保障　　②国際司法裁判制度
③勢力均衡政策　　④ 14 か条の平和原則

問 2　ウルグアイ・ラウンドで貿易紛争の処理などを行う世界貿易機関の設立が決められたが、その略称として正しいものを、次の①〜④のうちから一つ選びなさい。(☞ 4—4—5)

① IBRD　② NATO　③ WTO　④ GATT

問 3　発展途上国が先進国の経済的支配から逃れるため、自国資源の権利を守ろうとする考え方は何と言うか。正しいものを、次の①〜④のうちから一つ選びなさい。(☞ 4—5—4)

①資源ナショナリズム　　②資源インターナショナリズム
③資源独占主義　　④資源カルテル

問 4　国際連合（国連）の説明として正しいものを、次の①〜④のうちから一つ選びなさい。(☞ 4—4—3、6)

①国連決議に基づく PKO は、当事国の同意なしに紛争に介入できる。
②国連総会は、全会一致の原則で議決をする。
③安全保障理事会は、多数決で議決する。
④国連憲章に基づく国連軍は、一度も発動したことがない。

問 5　地球環境問題についての文として正しいものを、次の①〜④のうちから一つ選びなさい。(☞ 4—3—1〜6)

①オゾン層の破壊は、二酸化炭素がおもな原因となって起こっている。

②砂漠化の進行によって、熱帯雨林は年に 30 万 km^2 の割合で失われている。
③酸性雨は、先進工業国だけにみられる環境問題である。
④乾燥地帯における樹木の伐採のしすぎも、砂漠化が進む原因の一つである。

問 6 NGO の説明として正しいものを、次の①〜④のうちから一つ選びなさい。(☞ 4—6—1〜3、4—8—1〜3)

①難民や環境問題など、さまざまな国際協力活動に非営利の立場で活動する国際組織・団体をさす。
②韓国やシンガポールなど、発展途上国の中で成長を続けて工業化に成功した国や地域をさす。
③国連の決議により、1964 年、南北問題解決の協議機関として設立された。
④障害者福祉や消費者運動など、社会問題の解決のために活動する民間の非営利組織をさす。

問 7 民族問題・紛争の説明として正しいものを、次の①〜④のうちから一つ選びなさい。(☞ 4—7—2)

① 1990 年代に入ってから民族紛争による難民の数は減る傾向にある。
②近年、民族紛争・地域紛争は、国連の PKO やアメリカを中心とする多国籍軍の派遣などにより解決されることが多くなった。
③冷戦が終わってから、旧ソ連や東欧圏でも民族紛争が多発するようになった。
④日本は一つの民族から構成されているので少数民族問題は存在しない。

問 8 南北問題の説明として正しいものを、次の①〜④のうちから一つ選びなさい。(☞ 4—5—2)

①先進国のうちで、南側の国々と北側の国々の間で広がる政治的な対立の問題。
②先進諸国と発展途上国の貧富の差がもたらす政治的・経済的・社会的な問題。
③発展途上国のうちで、南側の国と北側の国の間で広がる経済格差の問題。
④国連加盟国のうちで、南側の国と北側の国の間で生じている政治的な対立の問題。

問 9 先進国の政府による発展途上国への開発援助の略称を何というか。正しいものを、次の①〜④のうちから一つ選びなさい。(☞ 4—6—2)

① ODA　② IMF　③ PKF　④ WTO

地　理

ちり

1-1 地球

地球の構成はどうなっているか？

1-1-1 丸い地球

紀元前3世紀のヘレニズム時代には、すでに地球は丸いととなえる学者**エラトステネス**があらわれ、地球の全周囲の距離を正確に計測していた。しかし中世に入ると、この地球球体説は後退してしまった。

そののち13世紀ころになると、地球球体説が再びとなえられるようになり、15〜16世紀の大航海時代に、コロンブスやヴァスコ＝ダ＝ガマ、マゼランらの航海によって、地球の丸いことが証明された。

現代の正確な計測によると、地球の大きさは、赤道半径で6,378 km、極半径で6,357 kmと、やや変形した回転楕円形をしている。

1-1-2 地球儀

地球儀の表面には、経線と緯線が網のように描かれている。そのため、地球上のどの地点も、絶対的な位置を数値によってあらわすことができる。

経線は、北極と南極をむすぶ線で、経線の基準線（0°）は19世紀末、ワシントンで開かれた万国子午線会議で、ロンドン郊外を通る経線にすることが決められた。その経線をもとに、東へ向かって数えていくのが東経で、逆に西へ向かって数えていくのが西経である。東経180°と西経180°は同じ経線で、太平洋の中央にある。

緯線は、地球の地軸に対して、垂直に地球を切ったときの切り口の線である。地球の中心を切った線が赤道である。この赤道を基準（0°）にして、北へ数えていくのが北緯で、南へ数えていくのが南緯である。北緯90°は北極となり、南緯90°は南極となっている。

1-1-3 海と陸

地球の表面積は約5億km²あり、陸地と海の割合はおよそ3対7で、海のほうが広い。

赤道を境にして北半球と南半球に分けられ、東経0°〜180°の半球を東半球、西経0°〜180°を西半球という。

地球には、**ユーラシア大陸・アフリカ大陸・北アメリカ大陸・南アメリカ大陸・オーストラリア大陸・南極大陸**の6つの大陸がある。このうち、ユーラシア大陸は、ウラル山脈とカフカス山脈を境に、西のヨーロッパ大陸と東のアジア大陸に分けられる。

さらに、ユーラシア大陸とアフリカ大陸を旧大陸と呼び、南・北アメリカ大陸とオーストラリア大陸を、新大陸と呼ぶ。これは古くから開発されたかどうかの違いによる。

海は、**太平洋・大西洋・インド洋**の3つに大きく分けられる。太平洋は、このなかでもっとも大きく、3つの大洋の51％をしめる。

一般に、地球上の海を、北太平洋・南太平洋・北大西洋・南大西洋・インド洋・北極海・南極海に分けて、「七つの海」と呼ぶ。

1-2 地図と図法

世界地図の図法にはどんなものがあるか？

1-2-1 球面を平面に描く地図

球面である地球の表面を平面に描いたのが、地図である。都市の地図など球面のごく狭い部分を描いた地図では問題ないが、世界地図のような地球表面の広い地域を描いた地図では、方位・距離・面積などを、すべて正確にあらわすことはできない。

そのため、世界地図を使う場合は、いずれの地図にも長所・短所があるので、方位・距離・面積などのうちでどれを重視するかで、図法の異なる地図を選ばなければない。

球面の地球の表面を平面にあらわすために、さまざまな投影法や図法が考えだされている。

1-2-2 地図投影法

地図投影法とは、地球外の離れたところ、あるいは地球の表面上、地球の中心に、それぞれ光源をおき、そこから光を発して、地球面を平面に投影する方法である。

地球外の離れたところから投影する方法は、正射図法という。地球の表面上から投影する方法は、平射図法という。地球の中心から投影する方法は、心射図法という。

地球に円錐や円筒を外接させ、地球の中心を視点として投影して、経線にそって展開する投影法を展開図法といい、円錐図法と円筒図法に分けられる。

1-2-3 メルカトル図法

16世紀にメルカトルによって考案された**メルカトル図法**は、現在でも航海に使われている地図で、地図上ではかった角の大きさが、地球表面上での角と同じになる正角図法である。しかし、この図法による海図では、2地点を直線で結んだ航路は、最短距離にならない欠点がある。

そのため、遠洋航海では、2地点をむすんだ直線が最短コースになる心射図法による海図が使われる。

メルカトル図法のもうひとつの欠点は、高緯度の北極・南極に近づくほど距離や面積が拡大されてしまうことである。

1-2-4 面積が正しくあらわされる地図

そこで、メルカトル図法を改良して、面積が正しくあらわされる正積図法による地図が考案された。サンソン図法やモルワイデ図法である。

サンソン図法は、低緯度地方のひずみは小さいが、中央の緯線や赤道から離れていくと陸地の形がゆがむ欠点がある。一方、**モルワイデ図法**は、サンソン図法に比べると、中・高緯度でのゆがみが少ないため、世界全図としてよく利用される。

サンソン図法とモルワイデ図法のよい点をつなぎあわせてつくられたのが、断裂図法とも呼ばれる**グードの図法（ホモロサイン図法）**である。特定の経線にそって図面を断裂させているため、北極・南極に近い大陸の形のゆがみが小さいのが特徴である。

1-2-5　距離と方向が正しくあらわされる地図

航空図では、距離と方位が正しくあらわされていることが重要で、**正距方位図法**などの方位図法による地図が使われる。しかし、地図の中心から離れるにつれ、陸地の形がゆがみ、面積が拡大されてしまう欠点がある。

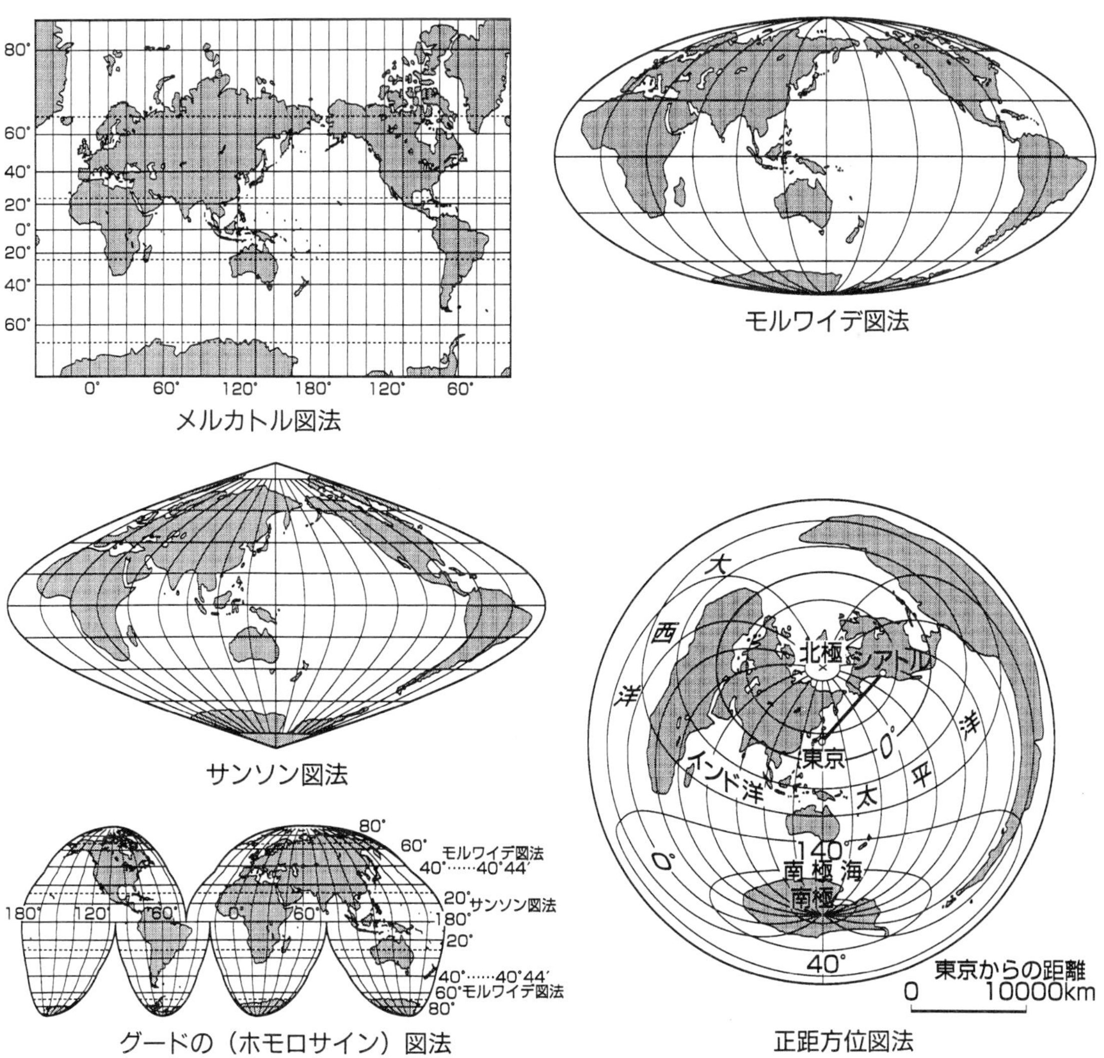

メルカトル図法

モルワイデ図法

サンソン図法

グードの（ホモロサイン）図法

正距方位図法

1-3 標準時

世界の時刻はどのようにして決められるか？

1-3-1 標準時と時差

地球は、24 時間で 1 回、西から東へ回転（自転）している。

ある地域の標準となる時刻は、その地域の特定の子午線（経線）上を太陽が通過する時刻を正午として、それを基準にして決める。これを**標準時**という。

地球は、24 時間で 1 回転 360° を自転している。そのため、経度 15° ごとに時刻は 1 時間ずれることになる。この経度による時刻の差を、**時差**という。

世界の標準時は、イギリスのロンドンを通る 0° の**子午線**（本初子午線）をもとにして決められており、世界時ともいう。天文学や地球物理学などでは、この世界時を使っている。

日本では、兵庫県明石市を通る東経 135° を**標準時子午線**として、標準時が決められている。世界時に 9 時間をたした時刻が日本の標準時となる。

東西に広いロシア連邦では、11 の標準時があり、西と東の端で 10 時間もの時差がある。

一般に世界の時間帯は、各国の事情によってもうけている。

1-3-2 日付変更線

日付を変えるため地球上に設定した境界線を、日付変更線という。太平洋上の 180° の子午線が日付変更線と決められているが、実際には、陸地をさけるよう設定されているため、折れまがってる。

日付変更線をこえるときは日付が変わるため、西から東へこえるときは日付を 1 日おくらせ、反対に、東から西へこえるときは日付を 1 日進める必要がある。

1-4 空中写真

空中写真はどのように利用されているか？

1-4-1 航空写真

地図をつくるための航空写真は、水平飛行する航空機からカメラを真下に向けて、あい続く2枚が60％重なるように撮影される。とくに、事前に設置した地上の標定点を、写真に写しこむことになる。

これは航空機が厳密に水平飛行を続けることも、カメラを真下に向けて撮影することも不可能だからである。このため、標定点を写真に写しこんで、地図をつくるときに、標定点をもとに写真のゆがみを修正するのである。

航空写真は、地図に描かれていないものがたくさん写っているため、情報量は地図よりはるかに多い。しかし、その情報が整理されていなければ、普通の人には使いこなせない。

航空写真から地図をつくることとは、写真に写った情報のなかから、重要なものを強調し、不要なものを省略することである。

1-4-2 衛星写真

人工衛星は、赤道を直角に横切りながら、地球を回っている。たとえば、ランドサット1号では、高度900 km前後で、1日に14回赤道を通過するので、18日間で地球の陸地のすべてを写すことができる。

航空写真と異なって、画像のゆがみがきわめて小さいのが長所だが、衛星写真の大きな特徴は、地表面から反射されてくる光の数値データによる地図情報であるという点である。そのため、光の数値データを操作して、森林地帯からの光を青に、人口密集地帯からの光をピンクに、耕地からの光を淡い緑に変換すると、航空写真に似た画像がえられる。

さらにこのデータは、コンピューターでいろいろ変換したり加工できるので、さまざまな情報をそこから引き出すことができる。たとえば、海水の濃淡を強調するように加工すると、海水温度の分布をあらわす地図をつくることもできる。

人工衛星から遠隔操作で地上を観測する方法を、リモートセンシング（遠隔計測）といい、近年、気象・土壌・植生・海洋などの観測や調査に利用されるようになっている。

1-5 ＧＩＳ（地理情報システム）

地理情報システムはどのように利用されているか？

1-5-1 地理情報

地理的な位置をもつものは、地図上に示すことができるが、数値におきかえることもできる。そこで、土地利用・植生・気象・人口・産業・交通・運輸・施設・文化財・観光地リストといったものは、数値におきかえた地理的位置＋事実・事情の情報、という地理情報としてあらわすことができる。たとえば、「台風の中心は、北緯○度、東経○度にある」というように。

この地理情報で、もっとも基本的な処理のひとつが、「地図を描く」、正しくは「地理情報の視覚化」である。また、地理情報の解析は、メッシュデータをつくって、その地域の異常を見つけだしたり、隠れた傾向を見つけだすことも可能にしている。

1-5-2 地理情報システム

上であげたような個々の地理情報の処理を集約して、地理情報の入力・地理情報の加工・データベース化・地理情報の解析・地理情報の地図化までを統合した専用のコンピューターのシステムを、地理情報システム（ＧＩＳ）という。

ＧＩＳは、さまざまな情報源から大量の地理情報データを取りこんでデータベースをつくり、それを蓄積・検索・変換・解析して、地図として出力したり、利用者の求めるデータを作成することなどができるよう設計されている。そのため、社会環境や生活環境の改善などに役だてることができる。

1-5-3 ＧＩＳの利用

国土地理院では、地図情報を１km四方間隔（メッシュ）で数値化した数値地図を作成しているが、これを用いると、コンピューターを使って地形を立体的に表示することもできる。

また、気象庁では、気象観測データをもとに１kmメッシュで、気温・降水量・積雪などのメッシュ気候値をつくって、気象災害の予防などに役だてている。

1-5-4 ビジネスに役立つＧＩＳ

ビジネスの世界では、初め工場などの大規模施設の設備管理に導入されたが、近年、顧客管理、店舗管理、不動産評価、物流管理など、営業支援として使われるようになった。

たとえば、小売業で新たに出店するさい、商圏、競合店舗の立地、消費者行動、人口動態、顧客管理、交通路など、きめ細かい地理情報を集計し、データベース化して、それを分析することで、開店してよいのかどうかを判断できる。

近年、衛星写真からえられたデータをもとに、ビジネスだけではなく、環境問題、農産物生産、地域政策、都市計画など、ますます有用性は高まっている。

復習しよう

＊できなかったところは、もう一度復習しよう。

問 1　地図の図法の一つ、正距方位図法の説明について正しいものを、次の①〜④のうちから一つ選びなさい。(☞ 1—2—5)

①地図の中心から任意の地点への距離と方位が正しく表示される。
②地図の周辺に行っても、陸地の形と面積のひずみは大きくならない。
③地図の中心から任意の地点への距離だけが正しく表示される。
④地図の中心から任意の地点への方位だけが正しく表示される。

問 2　日本の標準時についての文として正しいものを、次の①〜④のうちから一つ選びなさい。(☞ 1—3—1)

①日本の標準時は、パリを通る 0°の子午線をもとにした世界時から 9 時間を引いたものである。
②京都市を通る東経 135° は、日本の標準時を決める子午線である。
③日本の標準時は、ロンドンを通る 0° の子午線をもとにした世界時に 9 時間を加えたものである。
④兵庫県明石市を通る西経 135° は、日本の標準時を決める子午線である。

問 3　地球についての文として正しいものを、次の①〜④のうちから一つ選びなさい。(☞ 1—1—1、3)

①地球が球体であるという説は、ルネサンスの時代になってからとなえられた。
② 16 世紀に、マゼランの船団が世界一周して地球が球体であることを証明した。
③アメリカ大陸は西半球の陸地、ユーラシア・アフリカ大陸は東半球の陸地である。
④地球の表面のうち、陸と海の占める割合はおよそ 7 対 3 で、陸地のほうが広い。

問 4　地図の図法の一つ、メルカトル図法の説明について正しいものを、次の①〜④のうちから一つ選びなさい。(☞ 1—2—3)

①メルカトル図法は、正距方位図法の一つである。
②赤道に近づくにつれて、距離・面積は実際より拡大されて表される。

③すべての経線と緯線は、それぞれ平行する直線であり、直交している。
④ 20 世紀に入って、イギリスのメルカトルが考案した図法である。

問 5　航空図として使われる図法を、次の①～④のうちから一つ選びなさい。（☞ 1—2—3～5）

①メルカトル図法　　　　②サンソン図法
③ホモロサイン図法　　　④正距方位図法

問 6　GIS（地理情報システム）の説明として正しいものを、次の①～④のうちから一つ選びなさい。（☞ 1—5—1～4）

① GIS は数値化した地理情報を扱うので、地図を描くことはできない。
②きめ細かい地理情報を GIS で分析しても、ビジネスには役立たない。
③ GIS はまだ研究の段階で、早い実用化が待たれている。
④気象の観測データを GIS で分析することで、災害の予防に役立つ。

問 7　空中写真の説明として正しいものを、次の①～④のうちから一つ選びなさい。（☞ 1—4—1、2）

①航空機で撮影した航空写真は、画像のゆがみがきわめて少ないので、ゆがみのない地図を作れる。
②人工衛星で撮影した衛星写真は、画像のゆがみがきわめて少ないので、ゆがみのない地図を作れる。
③人工衛星で撮影した衛星写真は、光の数値データなので、地上の分析はできるが地図は作れない。
④航空機で撮影した航空写真は、ゆがみがきわめて大きく、航空写真だけでは正確な地図は作れない。

問 8　日付変更線についての文として正しいものを、次の①～④のうちから一つ選びなさい。（☞ 1—3—2）

①日付変更線を西から東へこえるときは、日付を１日おくらせる。
②日付変更線は、太平洋上の 180° の子午線におおむね沿った線である。
③東京が１月１日正午のとき、サンフランシスコは１月２日である。
④日付変更線を東から西へこえるときは、日付を１日おくらせる。

2-1 日本の地域区分

日本は、47の都道府県に分けられ、1つの都・1つの道・2つの府・43の県がある。

地理上の大きな区分としては、北から、**北海道・東北・関東・中部・近畿・中国・四国・九州**の8つの地方がある。

また、中部地方の太平洋岸地域は東海地方といい、中部地方の北西部、日本海岸地域は北陸地方という。中国地方の日本海側は山陰地方といい、瀬戸内側は山陽地方という。東京都とその周辺の県を含めた地域を、とくに首都圏という。

日本は多くの島からなっており、もっとも大きいのが本州である。ついで北海道・九州・四国と続く。九州の南西には奄美諸島・沖縄諸島を含む南西諸島が、本州の南方には小笠原諸島を含む南方諸島がある。

日本列島は、中部地方の中央を境にして、その東側を東日本、西側を西日本という。また、太平洋に面した地域を太平洋側、日本海に面した地域を日本海側という。

このほか、北海道東方に、ロシア連邦との間で帰属のはっきりしない国後島・択捉島・歯舞島・色丹島の4島からなる北方領土がある。

2-2 気候

日本の気候はどのようであるか？

2-2-1 日本の気候の特徴

日本列島は南北に長いため、北と南では年平均気温が17℃と気温差が大きい。北海道は亜寒帯に属し、南西諸島は亜熱帯に属すが、日本の大部分は温帯に属している。**季節風（モンスーン）**とはっきりした**四季の変化**が、日本の気候の特徴である。

夏は、ユーラシア大陸の内部が高温となって低気圧になり、そこへ太平洋から南東季節風が吹きこむため、その途中にある日本に太平洋の高温で湿った空気が運ばれる。そのため、日本の夏は全国的にむし暑い。

冬は、大陸の内部が冷えて高気圧（シベリア高気圧）になるため、太平洋に向かってシベリア方面から北西季節風が吹きこむ。日本海で湿気を含んだこの季節風は、日本海側に多くの雪を降らせる。反対に、太平洋側では乾いたからっ風が吹きおろし、晴れの日が続く。

このように、季節風によって日本の気候は、太平洋側と日本海側でいちじるしい違いがあり、太平洋岸気候と日本海岸気候に大きく分けることができる。

2-2-2 梅雨と台風

日本では、初夏の6月から7月のなかばにかけて、**梅雨（つゆ）**がある。雨期といえる現象で、この期間には、北海道をのぞく日本各地で、雨の降りやすい天気が続く。

梅雨は、冬型の西高東低の気圧配置から、夏型の南高北低の気圧配置にかわるときにあらわれる現象である。

日本の北にオホーツク高気圧が発生して、冷たい北東風を日本の上空に送り、一方、太平洋上の高気圧（小笠原高気圧）が暖かく湿った南風を日本の上空に送る。この冷たい風と暖かい風がぶつかることで梅雨前線が発生し、これが日本の南岸に停滞する。

この前線が天気をぐずつかせ、そしてこの前線にそって中国方面から低気圧がつぎつぎ東へ進み、雨を降らせるのである。

秋には、梅雨に似た秋霖があり、やはりぐずついた天気が続く。

夏、西太平洋上で発生する熱帯性低気圧のうち、東アジアの東岸に沿って北上し、発達して暴風雨になったものを**台風**という。8月から9月にかけて、台風は日本に接近し、上陸して強い風と大量の雨で大きな被害をもたらすことがある。

日本の年平均降水量は1700 mmをこえ、世界的にみて、雨の多い地域である。なかでも、南西諸島・北陸地方・西南日本の太平洋側では、年間降雨量が 2500 mm をこえ、世界的な多雨地である。ちなみに、アメリカやフランスの年平均降水量は、約 750 mm である。

日本の気候区分

2-2-3　気候区分

日本の気候区分は、大きく 5 つに分けることができる。

日本の太平洋岸にみられる太平洋岸気候は、夏から秋にかけて降雨量が多く、冬に少ないのが特徴である。とくに冬には、乾いた冷たい風が吹き、晴天が続く。

日本の内陸にみられる気候は、内陸性気候と瀬戸内気候の 2 つがある。内陸性気候は本州の中央高地にみられ、夏と冬の気温差が大きいのが特徴である。瀬戸内気候は北の中国山地と南の四国山地が季節風の吹きこみをさまたげるので、一年を通して温暖で晴れの日が多い。

日本海側にみられる日本海岸気候は、冬に北西季節風が強く吹いて、多くの雪を降らせるのが大きな特徴である。なかでも北陸地方はもっとも雪が多く、豪雪地帯（heavy snow-fall area）と呼ばれる。また冬は寒いが、夏には高温となる。

北海道の気候は、亜寒帯（冷帯）に属し、本州より気温が低い。梅雨はなく、夏は短い。冬の寒さは厳しく長い。

南西諸島の気候は、亜熱帯に属し、海洋性気候である。一年を通して温暖で雨が多いのが特徴である。

2-3　地形

日本の地形はどのようになっているか？

2-3-1　日本の地形

日本は、ユーラシア大陸の東のふちにあり、北東から南西の方向に、北海道・本州・四国・九州の4つの大きな島と九州南西の南西諸島、本州南方の南方諸島など多くの小さい島々が、弓形にならび、日本列島を形づくっている。

大きな特徴は、山地が国土の約4分の3をしめ、環太平洋造山帯の一部をなしているため、活断層・火山・褶曲などが各地にあり、高くけわしい複雑な地形が多いことである。

2-3-2　日本の山地

日本列島の中央部には、山脈・山地が背骨のように走っていて、国土を大きく太平洋側と日本海側に分けている。太平洋側と日本海側とでは、気候などの自然条件が大きく異なる。

本州の中央部には、中央高地と呼ばれる標高3000 m前後の高い山々がつらなり、なかでも赤石・木曽・飛驒の3山脈はけわしい地形で、日本アルプスといわれる。中央高地には高原や湖、温泉が多く、夏は登山客、冬はスキー客などでにぎわう。

日本の地質構造は、本州の中央部を南北につらぬく**フォッサマグナ（大地溝帯）**を境に、**東北日本**と**南西日本**に分けられる。フォッサマグナの一部は、糸魚川・静岡構造線という。

糸魚川・静岡構造線から東側の東北日本では、南北方向に山脈・山地が連なり、構造線から西側の西南日本では、東西方向に連なっている。さらに西南日本では、列島を東西に縦断する中央構造線によって、南北に内帯と外帯に分けられる。

2-3-3　日本の平野

平野は国土の約4分の1しかなく、その40％が台地である。日本の平野はほとんどが沖積平野で、多くが河川の流域か下流域にあり、扇状地や三角州のような平野も多い。大陸にみられる構造平野などはまったく見られない。

沖積平野とは堆積平野のひとつで、河川によって運ばれた土砂が堆積して形づくられた平野である。関東平野や大阪平野などがあり、稲作など農耕に適している。

扇状地とは、河川が台地・山地から平野に出るところで、扇型に土砂が堆積してでき

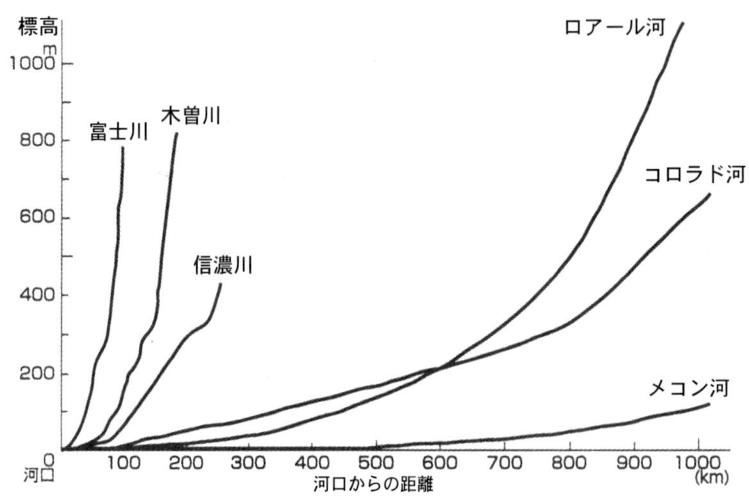

出典：阪口豊編『日本の自然』（岩波書店）

た傾斜のゆるい平地のことで、水の便が悪く、果樹園などに適している。

台地は、かつて平地であったところが隆起して、一段高いところにできた平坦地で、日本では洪積台地が多い。火山の多い日本では、平野部に火山灰が堆積していることが多く、東京周辺の台地では、表面に関東ローム層が広く見られる。

2-3-4　日本の河川

日本の河川は、世界の河川に比べると、勾配が急で、短く、急流である。浸食や土砂堆積がきわめてさかんで、V字谷（両岸に山がせまるV字型に切り立った谷川）・扇状地・三角州などが数多く形づくられている。

水量が季節によって増減し、水深が浅いため、交通路としての利用は少ない。川底が周囲の平地より高い天井川が多くみられ、また大雨で増水すると、洪水などの河川災害を起こしやすいのが特徴である。

日本の湖は、世界の湖に比べると小さい。火山の火口に水がたまった火口湖やカルデラに水がたまったカルデラ湖は、日本に特徴的な湖である。近年、日本の湖沼は、水質の汚れなど環境汚染が問題となっている。

2-3-5　日本の海岸

日本の海岸は、半島・湾・岬などが多く、海岸線が長く複雑である。

とくに、山地が沈んで谷に海水が侵入した**リアス式海岸**は、東北地方の三陸海岸や近畿地方の志摩半島の海岸などにみられる。

2-3-6　日本を囲む海

日本は、太平洋の北西部に位置し、周囲には太平洋・オホーツク海・日本海・東シナ海がある。
東シナ海などの**大陸棚**は漁場となっており、また近年、大陸棚の地下では石油・天然ガス・石炭などさまざまな地下資源が発見されている。
日本列島の太平洋岸沖を北上する海流は、海水が濃い色をしているため**黒潮**と呼ばれる暖流である。黒潮から九州沖で分かれて日本海に入る暖流は、**対馬海流**という。
一方、千島列島から太平洋岸を南下する海流は、**親潮**（**千島海流**ともいう）と呼ばれる寒流である。栄養分に富むため魚の種類が多く、そのため親潮と呼ばれる。

2-4 植生

日本にはどんな植物がはえているか？

2-4-1 国土の 3 分の 2 が森林

日本の気候は、温帯モンスーン気候に属し、比較的温暖で雨が多いため、草木の生育に適している。日本は南北に長く、北の亜寒帯（冷帯）から南の亜熱帯まであるため、植物の種類が多いのが特徴である。

国土に占める割合が 4 分の 3 と山地が多い日本は、国土のうち 66 % が森林となっている。

2-4-2 日本の植生

南北の広がりによる植物の変化は、水平分布という。水平分布的にみると、日本では、南から北へいくにしたがって、常緑樹から落葉樹へ、広葉樹から針葉樹へと植生が移りかわる。

南西諸島では、ソテツなどの亜熱帯林が分布し、海岸ではマングローブのはえているところもある。

南西日本では、カシ・シイなどの常緑広葉樹からなる暖帯林が広く分布する。

南西日本の山地から東北日本の低地には、ナラ・ブナ・ケヤキなどの落葉広葉樹やモミ・ヒノキ・マツなどの常緑針葉樹からなる温帯林が、広く分布している。木曽のヒノキ、秋田のスギの森林は、とくに有名である。

北海道の中央部より東の地方や、本州の中央高地など高山地帯には、カラマツなどの落葉針葉樹や、エゾマツなどの常緑針葉樹からなる冷帯林（亜寒帯林）が分布する。

標高の高低差による植物の変化を、垂直分布という。標高の低いところでは温帯林がはえている地方でも、標高が高くなるにつれて温帯林、冷帯林にかわり、最後に森林限界に達する。

2-5 地震

日本において地震にはどんな問題があるか？

2-5-1 地震

日本は、環太平洋地震帯の一部にあたり、しばしば大地震が発生する世界有数の地震国である。日本では、火山が多いため火山による火山性地震と、断層運動で起こる大規模な構造地震が多い。

1923年の**関東大震災**は、相模湾を発生源として、関東地方南部に大災害を起こした。とくに、木造家屋が多かったため大火災が起こり、そのため死者・行方不明者14万人以上、焼失した家屋は44万棟以上であった。

このように、地震にともなう火災による被害が、日本の地震災害の大きな特徴となっている。

1995年の**兵庫県南部地震**（**阪神・淡路大震災**ともいう）は、大都市直下型地震だったため、神戸市での被害が多く、死者6300人以上、家屋損壊20万棟以上であった。とくに、高速道路や交通機関、ポートアイランドの埋め立て地など、それまで地震に強いといわれていたものに、大きな被害が出た。

地震によって起こる**津波**も、大きな被害をもたらす。1960年、南米チリ沖で発生した地震によって発生した津波は、地球の裏側の日本にまで達し、東北地方の三陸海岸をはじめ、太平洋沿岸の各地に大きな被害をもたらした。

山地の多い日本では、地震によっても山くずれが発生し、災害を起こす。

地震予知の研究が進み、近年、東海地方沖合の海底で起こると予想される大地震にそなえて、国をあげて対策が進められている。

2-6 火山

火山による災害はどんなものがあるか？

2-6-1 火山

日本は、太平洋をとりまく環太平洋火山帯に属しているため、世界有数の火山国となっている。

火山は、地球の地殻内部にある高温でとけた状態のマグマが、地殻のさけめから地表に噴き出てつくられた山である。

火山は、活動状況によって、活火山、休火山、死火山に分けられる。

活火山は、現在も火山活動をしている火山で、北海道の有珠山、長野県・岐阜県の御嶽山、東京都大島の三原山などがある。

休火山は、歴史的に活動した記録があるが、現在、火山活動をしていない火山で、静岡県・山梨県の富士山などがある。

死火山は、火山活動をした記録が残っていない火山で、北海道の大雪山などがある。

2-6-2 火山の種類

日本の象徴のひとつである富士山は、溶岩と火山灰が交互に重なり合ってできた成層火山（コニーデ）で、この形の火山は、ほかに九州の霧島山や北海道の羊蹄山などがある。

粘りのある溶岩が盛り上がって形づくられた山頂のまるい山は、溶岩円頂丘（トロイデ、鐘状火山ともいう）といい、岐阜県・長野県の焼岳などがある。

これに対して、粘りのない溶岩が地表に噴き出て形づくられた盾をふせたような傾斜のゆるい山は、盾状火山（アスピーテ）といい、山形県の月山などがある。

溶岩が地中でかたまり、地表へ押し出されてできた尖塔状の山は、火山岩尖（ベロニーテ）といい、昭和新山などがある。

直径が 2 km 以上ある火口状のくぼ地は、カルデラという。二重式火山に多く、くぼ地には湖が形成される例が多い。熊本県の阿蘇山や神奈川県の箱根山などがある。

2-6-3 火山による災害

火山国の日本は、歴史上しばしば火山の爆発による大きな災害にあってきた。

火山は、爆発にともなって地震を起こしたり、噴き出した溶岩や火砕流が集落にまで流れこんだり、火山灰や火山弾が耕作地に降って、多くの災害をもたらす。

江戸時代に発生した群馬県・長野県の浅間山の大噴火や、大正時代に発生した鹿児島県の桜島の大噴火では、集落が埋没するなど大きな被害が出た。

1990年から始まった長崎県の雲仙普賢岳の火山活動では、火砕流や土石流がひんぱんに発生し、ふもとの町村に大きな被害をもたらした。

2-6-4 温泉

火山の多い日本には、各地に数多くの温泉があり、日本人は昔からこれを観光・保養に役立ててきた。

近年、火山の地下にある高温の熱水や水蒸気を利用して、地熱発電がおこなわれるようになっている。

復習しよう

＊できなかったところは、もう一度復習しよう。

問1　日本海に面した地方（日本海側）の気候の説明として最も適切なものを、次の①～④のうちから一つ選びなさい。（☞ 2—2—3）

①梅雨はなく、夏は短く、冬は長く寒さが厳しい。
②冬、北西の季節風が強く吹き、大量の雪を降らせる。
③夏から秋にかけて降水量が多く、冬には少ない。
④一年を通して温暖で、晴天の日が多い。

問2　日本列島を東西に大きく分ける構造線は何というか。正しいものを、次の①～④のうちから一つ選びなさい。（☞ 2—3—2）

①フォッサマグナ　②中央構造線　③列島横断線　④カルデラ

問3　次の文の[A]～[C]にあてはまる語の組み合わせとして正しいものを、下の①～④のうちから一つ選びなさい。（☞ 2—3—1）

日本は[A]を囲む造山帯の一部に属し、国土の約[B]が山地で、火山や[C]が多い。

	A	B	C
①	太平洋	5分の2	砂漠
②	日本海	2分の1	氷河
③	太平洋	4分の3	地震
④	日本海	4分の1	温泉

問4　次の文の[A]～[C]にあてはまる語の組み合わせとして正しいものを、下の①～④のうちから一つ選びなさい。（☞ 2—2—1、2—3—1）

日本の国土は、[A]大陸を北東から南西にかけて縁どる列島で、おおむね[B]に属すが、南西諸島は亜熱帯、本州の北部と北海道は[C]に属する。

	A	B	C
①	ユーラシア	温帯	冷帯
②	アメリカ	温帯	冷帯
③	ユーラシア	冷帯	寒帯
④	アメリカ	冷帯	寒帯

問5 梅雨についての文として正しいものを、次の①〜④のうちから一つ選びなさい。(☞ 2—2—2、3)

①梅雨前線が北海道付近に停滞して、長雨を降らせる。
②梅雨の時期には、雨の日と晴れの日が交互に続く。
③おおむね9月から10月にかけての時期が、梅雨である。
④北海道には、梅雨はない。

問6 日本は地域によって気温の差が大きい。その理由として正しいものを、次の①〜④のうちから一つ選びなさい。(☞ 2—2—1)

①日本は南北に長いから　　②日本は東西に長いから
③日本は海に囲まれているから　　④日本は高原の国だから

問7 日本の植生についての文として正しいものを、次の①〜④のうちから一つ選びなさい。(☞ 2—4—1、2)

①日本は山岳が多く、国土のほとんどが針葉樹林におおわれている。
②日本は湿気が多いため、国土のほとんどが亜熱帯の植物でおおわれている。
③日本は東西に長いため、国土のほとんどが温帯の広葉樹林におおわれている。
④日本は南北に長いため、亜熱帯・温帯・冷帯の植物が豊富にはえている。

問8 日本の自然災害についての文として正しいものを、次の①〜④のうちから一つ選びなさい。(☞ 2—2—2、2—5—1、2—6—3)

①火山が多いため、常に日本のどこかで火山灰が降っている。
②おおむね5年に一度の割で、全国的な干ばつが発生する。
③毎年、台風が日本に上陸し、被害をあたえる。
④地震の多い国だが、ここ30年間大きな被害をもたらした地震は起きていない。

3-1　農林水産業

日本の農業・林業・水産業の現状と問題点

3-1-1　減少する第一次産業の従事者

日本は、1870年代、明治時代の初めころには、人口の80％以上の人々が、第一次産業（農業・林業・水産業）に従事していた。しかし、近代産業が発達するにつれて、従事者数は減少し続け、1930年代には約50％になり、1999年には4.3％にまで減った。日本は農業国から工業国へと変身したのである。

3-1-2　農業の近代化

第二次世界大戦後、農地改革によって地主制が廃止され、平均経営面積が1戸あたり約1アールの集約的な農業がおこなわれることになった。

政府は、日本人の主食である米の生産、つまり稲作中心の農業政策をとってきた。しかし、米あまりが進んで、1971年から米の生産調整である減反政策がとられるようになり、1967年に1450万t近くあった米の生産量は、1999年に900万tにまで減った。

その一方で、日本の総合的な食糧自給率は、年々減り続けて1999年に23％となり、アメリカ134％、ドイツ123％、フランス194％というように、欧米先進国が増加傾向にあるのと対照的になっている。

このように、農業は産業としての地位をいちじるしく低下させてきたが、品種改良や機械化、施設栽培などの導入によって、農業の生産性は急速に高まっている。また、農地の借り受けや生産の委託などによって、農家の経営規模の拡大も進んでいる。

3-1-3　農業の現状

日本の国土は、山地が4分の3をしめ、平野が4分の1しかないため、農地は国土の13.6％にすぎない。

日本農業の第1の特徴は、農業従事者1人あたりの農地面積が1.7アールと小さい点である。これは、同じ島国であるイギリスの7分の1にすぎない。

狭い耕作面積から多くの収穫をあげるため、日本の農業は機械・農薬・化学肥料・労働力を大量につぎこむ集約的農業がとられている。地域によっては、同じ土地で何度も収穫できるよう植え付けをくふうしたり、単位面積あたりの収穫量を多くしているところもある。

第2の特徴は、米作中心の農業である点である。稲の作付面積（米作がおこなわれる耕作地の面積）は、全作付面積の39％（1998年）にもおよぶ。

米の生産量がピークをむかえた1960年代から、それまでの米作中心の農業が変わり始め、より収益の望める肉類・果実・乳牛・酪農製品・卵などの生産が増えた。

しかし、いずれも生産コストが高くついて価格が高くなることから、米と一部の野菜をのぞく農産物は、安い輸入品とのきびしい競争にさらされている。

兼業農家の割合が高いのも、日本農業の特徴である。農業を専業にする農家の割合は、1999年で約17.5％にすぎない。

3-1-4　各地の農業

九州では、ミカン・ビワ・スイカなどの果実や、畳の原料のひとつであるイグサの生産がさかんである。南西諸島では、サトウキビがつくられる。

中国・四国では、愛媛県のミカン、岡山県のブドウ、鳥取県のナシなど、果実の生産がさかんである。高知県では、温暖な気候をいかした野菜の促成栽培（ビニールハウスによる温室栽培など）がおこなわれ、東京・横浜の首都圏や大阪・神戸方面へ出荷している。

近畿では、和歌山県でミカン類の生産がさかんである。それ以外に特色ある農産物は少ないが、大阪・神戸などの大消費地に向けた野菜や花を栽培する園芸農業（近郊農業）はさかんである。

東海では、静岡県の茶の栽培がとくに有名である。

関東では、首都圏の消費者に向けた野菜や花などを栽培する園芸農業（近郊農業）が、とくにさかんである。

関東に近い山梨県ではブドウ、長野県では高原野菜やリンゴがさかんに生産されている。

東北・北陸では、リンゴ・サクランボなどの果樹栽培がさかんだが、とくに日本海側では、「**日本の米どころ**」と呼ばれるほど米作がさかんである。

北海道では、酪農とエン麦など飼料作物の栽培や、テンサイ・ジャガイモなどの栽培がさかんである。石狩平野などでは、大規模な米作がおこなわれている。北海道の農家1戸あたりの耕地面積は、全国平均の10倍あり、経営規模が大きいのも特徴である。

3-1-5　ゆれる日本の農業

欧米先進国では農産物が過剰生産される傾向にあり、また国際的なアグリビジネス（農業関連産業）による生産と流通支配が強まっていて、農産物の流通の国際化や農産物の貿易自由化は世界の流れとなっている。

日本の米も例外ではいられず、自由化圧力が強まったことから、1995年から輸入の部分開放が始まった。この動きを受けて、食糧管理制度が改正されて、生産者がつくる自由や売る自由が認められるようになった。

早くから輸入自由化が始まった果実では、年々輸入品の割合が増え、それに押されて、国内の作付面積は年々減り続けている。

東京の近郊から遠隔地へと野菜生産は拡大したが、野菜の価格は低迷し続けている。そのため農家は、ビニールハウスによる施設栽培（促成栽培）を進めているが、近年、外国から安い野菜の輸入量が増加している。

小規模経営の日本の農業は、外国とのきびしい競争にさらされているだけでなく、農業経営の不安定さや後継者不足の問題は、深刻である。

3-1-6　水産業の近代化

日本の漁業は、かつての漁村中心の漁業から、水産都市を中心とした近代的な漁業に大きくかわった。漁船の大型化・高速化と魚群探知機などの機械化が進み、漁獲高は一時、世界一をほこったことがある。

しかし近年、沿岸部では過剰な漁獲と漁場環境の悪化から漁業資源が減り、漁獲高の伸び悩みが問題になっている。

1970年代に、世界の国々が200海里漁業専管水域をもうけたため、漁場が制限されて、日本の遠洋漁業は大きな打撃をうけ、漁獲高は最盛期の4分の1近くに落ちた。

そこで、日本の水産会社や商社は、海外に生産拠点を設けて現地で生産・加工した水産物を輸入するようになった。日本一国の水産物輸入量は、世界全体の輸入量の4分の1におよぶ。

3-1-7　漁業の現状

好漁場としては、黒潮と親潮がまじわる岩手県三陸沖の漁場、東シナ海の大陸棚に広がる西海漁場、北太平洋・ベーリング海・オホーツク海に広がる北洋漁場（太平洋北西漁場）があげられる。

マグロなどの遠洋漁業の基地としては、高知県の土佐清水・室戸、静岡県の焼津、神奈川県の三崎が代表的である。水上げ量がもっとも多い漁港は静岡県の焼津で、2番めは青森の八戸である（1999年）。

近年、世界的に漁獲高の規制などによって水産資源の保護が進むなか、日本の漁業は、栽培漁業や養殖漁業など、水産物を育てる漁業へ移っている。

カキの養殖では広島湾、真珠の養殖では三重県の志摩半島、ウナギの養殖では浜名湖などが有名である。

3-1-8　日本の林業

日本は山地が多く、国土の66％が森林におおわれている。林業は、おもに木材を生産しているが、かつては薪や木炭などの燃料も生産していた。

しかし、戦後、外国産木材の輸入が急速にふえ、また燃料が石油・天然ガスにとってかわったため山林経営は低迷し、山村の過疎化は農村以上に深刻な問題となっている。

林業がさかんな地域は、中部地方では、木曽谷・飛騨の山地である。木曽のヒノキは、日本三大美林のひとつと数えられている。

東北地方では、国有林が多く、木材の生産では北海道についで多い。とくに岩手県・秋田県・青森県で、林業がさかんである。津軽ヒバと秋田スギは、日本三大美林のひとつに数えられている。

青森県と秋田県にまたがる白神山地は、世界最大級のブナの原生林で、世界遺産に指定されている。

北海道は、日本の全森林面積のうち 22 % をしめ、しかも天然林が多い。エゾマツ・トドマツ・カラマツなど針葉樹の生産高は日本一で、製材・パルプ・合板に使われている。とくにパルプの生産量は、日本全体の 50 % 以上をしめ、近年、輸入材も使って生産がおこなわれている。

3-2 商工業

> 日本の工業の発展と現状
> 日本の商業の発展と現状

3-2-1 商工業の近代化

日本の商工業は、江戸時代にその基礎ができあがった。大坂（現在の大阪）や江戸（現在の東京）には全国の米や物資が集まり、専門の卸売市場が形づくられていた。

大坂は日本最大の商業都市で、消費都市の江戸へ物資を供給する「天下の台所」と呼ばれた。交通路が発達し、商品流通にともなって、大坂や江戸を中心に金融機関の両替商があらわれ、預金・貸付・為替・手形業務をいとなんでいた。

京都では、伝統的な手工業が発達し、西陣織・友禅染・清水焼などが生産された。やがて、手工業生産（農村家内工業）は地方でも発達した。

江戸時代末期、国を開いた日本は、1858 年以降アメリカを始めとする欧米諸国と通商条約をむすび、貿易を始めた。一時の経済的混乱はあったものの、明治政府は欧米の先進技術を積極的にとりいれて、日本の工業化をおし進めた。

3-2-2 日本の工業

19 世紀から 20 世紀にかけて、日本では産業革命が進行し、資本主義が発達した。はじめは綿工業・製糸業などの軽工業を中心に発達し、やがて金属・機械工業もおこった。第二次世界大戦後、日本は、壊滅状態になった経済の再建につとめ、やがて高度経済成長をとげることになる。

第二次世界大戦後、日本の工業は重化学工業を中心にして発達し、高度経済成長をへてアメリカにつぐ工業国になった。とくに、自動車・工作機械・産業用ロボット・船舶・粗鋼・精密機械・電子機器などは、いずれも、世界一あるいは世界一級の生産量をほこる。

3-2-3 太平洋ベルト

日本の工業は、原料や製品の輸出入がしやすい太平洋ベルトに集まって発達した。太平洋ベルトとは、日本の太平洋沿岸に帯状にならぶ東京・横浜、東海、名古屋、大阪・神戸、瀬戸内、北九州をむすぶ地帯のことである。

太平洋ベルトには、100 万都市が数多く含まれ、全国に対する工業製品の出荷額は、約 70 % をしめる。日本の商工業の大半は、このベルトでおこなわれていると言ってよい。

ベルト上の各地域は、海に面していて、安く海岸を埋め立てて工業用地を手に入れやすい条件をもっていた。そのため、広い土地を必要とする製鉄・石油化学・機械・造船などの大工場や火力発電所が、つくられることになった。

3-2-4 工業地帯

京浜工業地帯は、東京・川崎・横浜を中心とする日本最大の総合工業地帯で、東京湾の埋め立て地にある。繊維工業などの軽工業の比率は低く、機械工業の比率が高い。とくに、自動車・電気機械・コンピューターなどの精密機械の生産量が多い。しかし、東京の下町には、衣類・日用品・おもちゃなどを生産する町工場と呼ばれる中小工場が多い。

この工業地帯は、近くに、全国の小売り販売額が全国の 30％近くをしめる東京・神奈川・埼玉・千葉の巨大市場をもち、また大人口をかかえているため労働力を得やすいなど、さまざまな条件を満たしている。

中京工業地帯は、四日市・名古屋・豊田を中心とする日本第 2 の工業地帯である。毛織物・綿織物など繊維工業の比率が高いが、自動車・航空機・石油化学などもさかんで、自動車などの機械工業の比率は、ほかの工業地帯より高い。とくに、世界有数の自動車会社の本社がある愛知県豊田市は、中京工業地帯での自動車工業の中心である。

ほかに、陶磁器などの窯業もさかんで、愛知県・岐阜県は出荷額で全国 1・2 位をしめている。

阪神工業地帯は、神戸・大阪・堺を中心とする日本第 3 の工業地帯で、雑貨や繊維などの軽工業がさかんなのが特徴である。鉄鋼・船舶（造船）・機械・化学などもさかんだが、石油・自動車などの産業が少なかったため、近年、その地位を低下させている。

北九州工業地帯は、北九州を中心とする工業地帯だが、近年、首都圏などの大消費地に遠いため地位が低下している。1901 年に操業を開始した八幡製鉄所とともに重化学工業を中心に発達し、軽工業の比率が低いのが特徴である。

3-2-5 日本を代表する工業

自動車産業は、一時期アメリカをしのいで、1200 万台をこえる世界一の生産量をほこっていた日本を代表する産業である。自動車 1 台に部品が 3 万個以上も必要なため、機械工業のなかでももっとも複雑で、高度な技術を必要とする**総合工業**である。

部品を供給する数多くの関連産業を必要とし、労働力が確保しやすく、交通の便もよく、下請け工場が立地しやすいことが要求されるため、自動車企業のおもな工場は、その条件をよく満たす太平洋ベルトに集まっている。

造船業も、機械工業・化学工業・鉄鋼業など多くの関連工業を必要とする総合工業である。やはり、一時期世界一の生産量をほこったことがあり、おもな大造船所は太平洋ベルトに集まっている。

石油と化学、石油と電力、製鉄と化学などのコンビナート、あるいは石油・化学・電力・製鉄などの総合コンビナートは、さまざまな工場や施設がむすびついてなりたつので、ほかの工業以上に広い工場用地が必要である。そのため、コンビナートは、大量の原料を積んだ船舶が接岸できる港が近くにあり、海岸を埋め立てて用地にすることができる太平洋ベルトに集中する。

代表的なコンビナートは、神奈川県の川崎、三重県の四日市などが有名である。

3-2-6 先端産業

現代の技術革新は、経済のサービス化・ソフト化をうながし、産業構造の転換をもたらしている。半導体集積回路やコンピューターなどのエレクトロニクス、高機能性高分子材料などの新素材、医薬品・食品分野のバイオテクノロジーなど、さまざまな分野のハイテク産業が、構造的な不況におちいっている石油・鉄鋼・造船などの重厚長大型産業にとってかわりつつある。

1983年から、政府は、大都市に集中していた研究開発機能を地方にも定着させようと、**テクノポリス（高度技術工業集積地域）**開発を推進し、ハイテク産業の振興をはかった。

多くのハイテク産業が、あいついで太平洋ベルトからはずれた地域へ進出し、とくに、半導体産業は九州や東北地方に進出し、同地に電子工業が根づくことになった。

九州では、空港や高速道路のインターチェンジ付近に多くの工場がつくられている。九州でのIC（集積回路）の生産は、全国の25％近くをしめ、アメリカのシリコンバレーにならって、シリコンアイランドと呼ばれている。

東北では、高速道路や新幹線沿いの内陸部にも、電子部品工場が進出し、東北自動車道はシリコンロードと呼ばれている。

3-2-7 中小企業

日本経済は、近代的な大企業と、近代的でない中小企業からなる二重構造をもつと言われる。二重構造とは、両者の間に、資本規模・生産性・収益性・技術水準・賃金などで、大きな格差があることをいう。

中小企業は、多くは大企業の下請け企業であり、部品生産や作業工程の一部を担当し、大企業の生産活動をサポートする立場にある。しかし、発注元の親企業の業績の影響を受けやすく、また親企業からのコストダウンなどの要求もきびしく、また自社製品の開発がしにくいなど、中小企業のおかれる問題は多い。

一方、多くの大企業は、生産効率を上げるため、下請けとは別に、資金援助や技術指導、経営参加、人員派遣などで、選別したいくつかの中小企業と密接な関係をきずき、「**系列**」に組みこんでいる。

近年、産業の空洞化や規制緩和政策などにより、中小企業の経営はきびしさを増しているが、知的集約型・研究開発型のベンチャー=ビジネスと呼ばれる中小企業や、地域の歴史や文化をいかした新しい地場産業（伝統的な技術による工芸品などの産業）もあらわれるようになった。

3-2-8 流通業

日本の商店街は、駅前や住宅地に客の求めにおうじて形づくられてきた。しかし、1950年代に入って、日本で初めて駅ビルが生まれると、駅ビルを中心としたショッピングセンターが各地でつくられるようになった。

さらに、自動車が普及してモータリゼーションが進むと、地価の安い郊外の道路沿いに、デパート（百貨店）・スーパー・専門店などの入ったショッピングセンターが、あいついでつくられるようになった。

1970年代に入ると、ショッピングセンターはさらに大型化し、1990年代には、ディスカウントストアの集まったパワーセンターがつくられるようになり、小売業者間の競争はさらに激しくなった。

一方、古くからの町の商店街は客を奪われるようになった。規制緩和の一環として、大規模小売店舗法（大店法）による規制が緩和され、その傾向はさらに進んでいる。

3-2-9 商業都市

東京と大阪は、日本の二大商業の中心地で、東京が東日本を商圏とし、大阪は西日本を商圏としている。

東京は、全国の販売額の3分の1近くをしめる卸売業の一大中心地である。大阪も全国の販売額の7分の1をしめる西日本最大の卸売業の中心で、その中心部船場には、繊維製品・薬・雑貨・家具・電気などをあつかう問屋街が形づくられている。

現在では、伝統的な問屋制度を受けついだ日本の卸売業も、商社に姿をかえ、問屋街も近代的なビル街を形成したり、卸売商業団地や流通センターをつくるなど近代化が進められている。

3-2-10 価格破壊

日本の流通業界は、数多くの小規模な卸売商、小売商がかかわって、きわめて複雑なしくみを形づくってきた。商品によっては、3次、4次の卸売をへて小売りされる例もある。このため、商品の流通効率が悪く、販売価格が高くなっていた。

近年、卸売商を通さず、生産地と小売りを直接にむすんだ産地直送販売がおこなわれたり、できるだけ簡単な経路で商品を流通させるしくみが開発されるようになった。その結果、価格破壊といわれる低価格販売が、現在では普通にみられるようなった。

スーパーやディスカウント・ストアは、コンピューターによるPOSシステムを導入したり、メーカーから直接、あるいは卸売でも１次の会社から大量に仕入れることで、価格を安くしたり、セルフ＝サービスを取り入れたり、人件費の安いパートタイム従業員を利用して、安売りを実現している。

3-2-11　開発輸入

近年、日本の小売業は、アジア各地のメーカーと提携して日本の技術を教え、現地で生産させた製品を日本へ輸入する、いわゆる開発輸入を積極的に進めている。この開発輸入方式の輸入は、農産物や水産物、繊維製品、機械製品にまでおよんでいる。

開発輸入による品質のよい安価な商品は、国内の伝統的な流通業界だけでなく、産業界全体をきびしい経営状態に追いこんでいる。

3-3　人口

日本の人口の現状と問題点は何か？

3-3-1　日本の人口

江戸時代の日本の人口は、約3000万人でほぼ一定していた。しかし、明治時代に入って産業化が進むと急増し始め、1995年には約1億2500万人にまで増えた。

第二次世界大戦前の日本では、戦時労働力を確保しようと出産が奨励されたため、人口構成は**多死多産**という典型的なピラミッド型をとっていた。

戦後になると、多産少死にかわったが、まもなく1954年をピークに、14歳以下の年少人口が減り始め、出生率の低下が始まった。こうして日本は、欧米先進国と同じ**少産少死**の社会へとかわり、65歳以上の老年人口が急速に増えて、人口の高齢化が進むようになった。

現在、日本の人口は、中国・インド・アメリカなどに続いて、第8位である。人口密度は、人口500万人以上の国のなかでは、バングラデシュ・韓国・オランダについで世界第4位である。

3-3-2　人口分布

国土のうち、平野部は全国土の4分の1しかない。この狭い平野のなかに、人口の約80％が住んでいる。

人口の密集地は、気候が温暖で、商工業の発達している太平洋側にかたよっている。とくに、面積では国土の6％の割合しかない東京・名古屋・大阪の三大都市圏に、人口の40％以上が集中している。都道府県別にみると、1 km² あたり約5500人の東京都、約4600人の大阪府、約3500人の神奈川県が上位をしめている。おもに産業革命から高度経済成長の時期にかけて、太平洋ベルトに人口が移動し、集中した結果である。

人口の少ない地域は、農業地域の北海道・東北・北陸・山陰・南四国・南九州などである。北海道や岩手県の人口密度は、1 km² あたり100人を下回っている。

1980年代から90年代にかけて、都市部の環境悪化や地価の高騰などから、大都市から地方へ帰るUターン現象や、郊外へ人口が流出するドーナッツ化現象が見られた。しかし、近年、日本経済の低迷により、その動きは止まり、大都市へ人口が戻りつつある。

3-3-3　人口構成

65歳以上の老年人口の割合は、1970年に7.1％だったのが、2000年には17.2％と増え、西欧先進国に比べて、きわめて急速に高齢化が進んでいる。

日本の産業別就業人口は、1930年には第一次産業が約50％をしめていた。産業の発達にともなって、その割合は下がり続け、1995年にはわずか6％になった。一方、第三次産業の人口がもっとも高く、1995年には約62％を占めている。

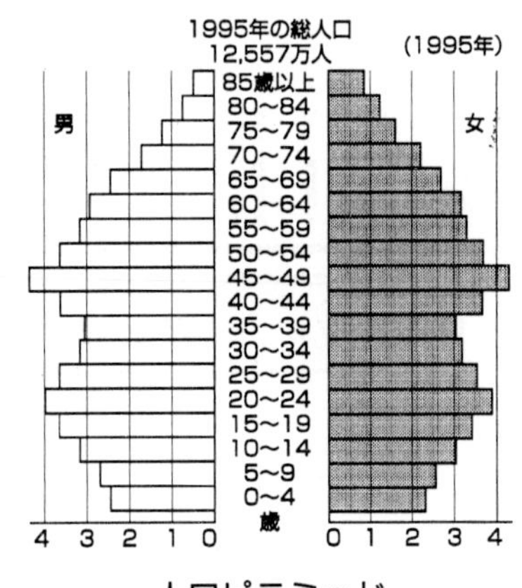

人口ピラミッド

3-3-4 低下する出生率

日本の人口問題は、急速に進む出生率の低下である。一人の女性が一生の間に生む平均子ども数である合計特殊出生率でみると、1974年には2.05であった。1993年には1.43にまで低下し、この年の出生数は初めて120万人を割り、2001年には117万5000人にまで減った。

もうひとつの問題は、急速な高齢化である。西欧諸国では、65歳以上の老年人口の比率が7％から14％になるのに、100年前後かかった。対して日本は、24年ほどで14％となり、世界のどの国より急速に高齢化が進んでいる。

3-3-5 世界の人口

2000年の世界総人口は、約60億人で、発展途上国を中心に1年間に約7,500万人増え続けている。この急速な人口増加は**人口爆発**と呼ばれ、アジア・アフリカ・ラテンアメリカなどで強くあらわれている現象である。

3-4 交通と通信

交通はどのように発達してきたか？

3-4-1 江戸時代

江戸（現在の東京）に江戸幕府（徳川氏の政権）が開かれると、大坂（現在の大阪）・京都方面と江戸をつなぐ東海道の行き来が激しくなり、東海道や中山道など、5つの主要街道である五街道が整備された。

海上交通では、大坂と江戸をつなぐ南海路が動脈として利用され、17世紀には定期船が就航していた。また、東廻り・西廻り航路が整備され、全国的な物資の流通がおこなわれていた。

通信機関としては、飛脚が発達し、幕府から庶民まで、手紙だけでなく、小荷物・金銀を各地に送っていた。

3-4-2 交通機関の発達

欧米では産業革命以来、交通の発達によって産業が発達し、産業の発達によって交通が発達してきた。そのため明治政府は、日本の工業化を進めるために、まず1872年、新橋・横浜の間に鉄道をつくり、近代航路の拡充につとめ、近代的な郵便制度を整備した。

第二次世界大戦後、高度経済成長の時代に入ると、政府は、道路・鉄道・港湾の拡充を政策の中心とし、高速道路・新幹線・地下鉄など交通網の整備を進めた。

3-4-3 道路

道路は産業の基盤として重視され、高速道路の建設など道路整備は、世界各国の共通した重要政策となっている。

日本でも、自動車による長距離輸送が鉄道輸送にとってかわり、東名高速道路・東北自動車道などの高速道路網が整備されている。

なかでも、1986年に開通した東京と青森県をむすぶ東北自動車道は、青森県と首都圏を7時間半でむすび、ハイテク産業の重要な幹線道路となっている。近年、沿線には、電子部品工場が多く進出し、東北自動車道はシリコンロードと呼ばれている。

3-4-4 鉄道

自動車の普及と航空交通の発達のため、その地位を低下させた鉄道輸送だが、線路の複線化や貨物のコンテナ化によって、輸送力の強化とスピードアップが進められている。

とくに、高い技術をほこる新幹線は、1964年に東海道新幹線が開通して以来、山陽新幹線・東北新幹線・上越新幹線などが、あいついで建設された。

新幹線は、時間距離を短縮させて地域間のむすびつきを強めたため、都市間の交流が活発化し、東北地方のハイテク産業のように新たな産業の立地をうながした例も多い。

3-4-5 海上交通

貿易立国（貿易で経済がなりたつ国）の島国日本にとって、海上輸送はきわめて重要である。近年、輸送能率を高めるため、船舶の大型化・高速化が進められ、コンテナ船やタンカーなどの専用船もつくられるようになった。しかし、日本の海運業はコスト面で外国船にかなわなくなり、商船保有数では世界第8位になった。

神戸港と横浜港は、日本を代表する貿易港である。かつて神戸港が貿易額で日本一だったが、1970年以来、横浜港が日本一になっている。最近では、工場に直接横づけできる工場専用の貿易港が、茨城県の鹿島や北海道の苫小牧につくられるようになった。

3-4-6 航空交通

戦後、日本では航空交通がいちじるしく発達した。とくに、東京～福岡、東京～札幌などの主要都市間の航空路は、新幹線とならぶ日本の動脈（重要な交通路）となっている。

日本から各国へのびる航空路は、約40か国におよび、国際空港の整備も進められている。成田空港・関西国際空港・羽田空港・福岡空港などが、乗客数や輸出入額の多い空港で、航空貨物では半導体などのハイテク製品が多くなっている。

3-4-7 太平洋ベルトに集中する交通網

工業の発達にとって、大量の原材料や製品の輸送、労働者の通勤輸送など交通機関のはたす役割は大きい。

そのため、工業化がとくに進んだ太平洋ベルトには、新幹線を中心とする鉄道網、東名高速・名神高速道路を中心とする道路網、横浜・神戸を中心とする海上交通網、東京・成田・大阪・関西などの国際空港を中心とする航空路網などの整備が充実している。

3-4-8 通信

通信技術の発達により、長距離通信や大量通信のコストが大幅に下がって、情報化社会が到来した。電話・ファクシミリ・コンピューターの利用は、一国内の通信ネットワークの範囲をこえ、通信衛星の発達などで国際的なネットワークの形成をうながした。

増加する情報量に対して、近年、光ファイバーケーブルを使った光通信が実用化され、大量のデータ通信が可能となり、またインターネットの拡充も進み、誰にでも使える相互通信も実現された。

3-5 貿易

日本の貿易の変化と現状

3-5-1 貿易の移り変わり

日本の近代的貿易は、1858年、アメリカとの間で通商条約がむすばれて始まった。初めのころは、生糸・茶などを輸出し、綿織物・毛織物などを輸入した。

1900年ころから産業革命が進むと、原材料を輸入して軽工業製品を輸出する加工貿易（原材料を輸入し、それを製品に加工して輸出するという形の貿易）が定着した。第二次世界大戦後、日本の貿易は、資源・食料を輸入し、金属・機械などを輸出するようになった。

しかし、現在の日本では、機械類など工業製品の輸入の割合が年々高くなっている。貿易相手国としては、アメリカが輸入、輸出ともに最大である。近年、輸出相手国として東南アジアや中国など、輸入相手国として中国やオーストラリアなどとむすびつきを強めている。

3-5-2 輸出品

第二次世界大戦前は、繊維製品を始めとする軽工業製品が、輸出品の60％近くを占めていた。戦後になると、繊維製品の割合は減り続け、機械類・鉄鋼・船舶などの重化学工業製品にかわった。

1980年代以降、日本の輸出品は、自動車・自動車部品・事務用機器・半導体などが多くなり、また発展途上国に対して、工場の生産設備や生産技術を輸出するプラント輸出もさかんになった。

3-5-3 輸入品

第二次世界大戦前は、繊維製品生産のための綿花・羊毛などの繊維原料が、輸入量の40％を占めていた。

戦後はエネルギー革命などにより、原油や液化ガスなどの原燃料の輸入量が大幅に増え、また魚介類・肉類・穀類などの食料や、家畜の飼料の輸入が多くなった。

近年、原油などの輸入割合が減って、自動車・衣類・機械類などの工業製品の輸入が増えている。とくに、成長めざましいアジア各国からの、工業製品の輸入量の伸びはいちじるしい。

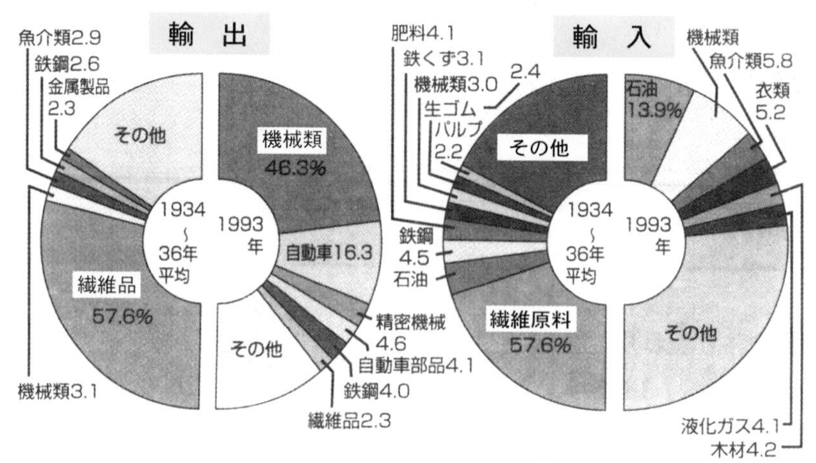

日本の貿易品目割合の戦前・戦後の比較（『日本国勢図会』1994/95 年版による）

3-5-4　貿易相手国

第二次世界大戦前は、中国との貿易額がもっとも大きかったが、戦後はアメリカとの貿易額が最大となった。現在、日本の貿易額からみると、輸出入で欧米先進国が 40％台と一時より減り、かわって発展途上国との貿易額が 50％をこえるようになった。

アメリカとの貿易では、自動車・精密機械・機械類・鉄鋼などを輸出し、自動車・機械類・航空機・穀類・肉類・魚介類などを輸入している。一時期、日本のいちじるしい貿易黒字（輸出超過）が続いたため、貿易摩擦が生じ、アメリカは貿易の不均衡を正すため、貿易の自由化を強く要求した。

ＥＵとの貿易では、自動車・精密機械・機械類・自動車部品などを輸出し、自動車・機械類・衣類・アルコール飲料・医薬品などを輸入している。アメリカと同じように、日本のいちじるしい貿易黒字（輸出超過）となって、貿易摩擦が生じている。

中国（中華人民共和国）との貿易は、戦後、国交がとだえていたこともあって、しばらくほとんどおこなわれていなかった。1972 年、国交が回復すると貿易が急速に拡大した。現在、日本は、機械類・鉄鋼などを輸出し、衣類・魚介類・農産物などを輸入している。近年、安い機械類や農産物が輸入されるようになり、貿易摩擦が生じるようになった。

韓国との貿易では、機械類を輸出し、安い機械類・衣類・魚介類などを輸入しているが、日本の大幅な輸出超過となっている。

これに対して、オーストラリアとの貿易では、石炭、鉄鉱石や液化天然ガスなど鉱産資源や農産物を大量に輸入しており、日本の輸入超過になっている。

ASEAN（東南アジア諸国連合）は、急速に経済発展し、日本との貿易額も増大している。日本は、原油・液化天然ガス・天然ゴム・魚介類などを輸入し、自動車・機械類を輸出している。

西アジアとの貿易では、大量の原油・液化石油ガス・石油製品を輸入し、自動車などを輸出している。

3-5-5　貿易摩擦

日本の貿易は、輸出額が輸入額を大きく上回り、貿易収支の大幅の黒字が続いている。アメリカ・ＥＵ諸国では、日本のさかんな輸出により自国産の自動車・テレビ・半導体などが売れなくなる問題が生じ、日本からの輸入を制限する国もあらわれた。

アメリカでは、世界一をほこっていたハイテク（高度先端技術）分野に、日本が割りこんで安い製品を大量に輸出したため、国内のハイテク産業が打撃を受けた。アメリカも日本への輸出を増やそうとしたが、うまく増えなかった。そこで、日本の市場は複雑であり、そのしくみを改めるべきだと主張して、日本に**市場の開放**などを強く求めた。

日米の貿易不均衡を是正するため、さまざまな政府間の交渉がおこなわれ、日米繊維協定・鉄鋼輸出自主規制・自動車輸出自主規制・日米半導体協定などがむすばれた。日本の諸制度や経済構造に踏みこんだ協議がくりかえされ、1993年には日米包括経済協議に引きつがれた。

この間、輸出自主規制と円高の影響から、日本の製造業各社は海外に進出し、工場を建てて現地生産を始めるようになった。その分、国内の生産量が減って雇用も減り、産業の空洞化がみられるようになった。とくに、自動車産業や電気機器産業などに、この傾向は強くあらわれている。

2000年代に入ると、大幅に安い価格の中国産の農産物や繊維製品に国内産業が大きな打撃を受ける事態となり、高い関税をかけて輸入を制限する**セーフガード（緊急輸入制限）**を発動するなど、中国との間で新たな貿易摩擦が生じるようになった。

復習しよう

＊できなかったところは、もう一度復習しよう。

問 1 日本で産業が最も発達した三大工業地帯から北九州工業地帯を結ぶ帯状の地域は、何と言うか。正しいものを、次の①～④のうちから一つ選びなさい。(☞ 3—2—3)

①日本海ベルト　②サンベルト　③ウォーターフロント　④太平洋ベルト

問 2 日本が外国から輸入する代表的な品目の組み合わせとして正しいものを、次の①～④のうちから一つ選びなさい。(☞ 3—5—3)

①衣類・木材　②精密機械・金属
③穀物・水産物　④原油・機械類

問 3 近年、日本を代表する輸出品目の組み合わせとして正しいものを、次の①～④のうちから一つ選びなさい。(☞ 3—5—2)

①船・鉄鋼・石油化学　②自動車・半導体・電気機器
③衣類・雑貨・食品　④金属・紙・食品

問 4 日本の農業についての説明として正しいものを、次の①～④のうちから一つ選びなさい。(☞ 3—1—1～5)

①米作が農業の中心で、生産者１人あたりの農地が狭いのが大きな特徴である。
②きわめて進んだ農業技術により、食料の自給率は先進国の中で最も高い。
③近年、安い輸入品に押されて肉類・乳製品・くだものの生産量が急速に落ちている。
④食料生産力が不足しているため、政府は農業の拡大に力を入れている。

問 5 日本の水産業についての説明として正しいものを、次の①～④のうちから一つ選びなさい。(☞ 3—1—6、7)

①海に囲まれた日本は、現在でも漁獲量は世界一である。
②技術の進歩で、世界中の海で遠洋漁業をさかんにおこなっている。
③現在、遠洋漁業にかわって沖合漁業が中心となっている。

④漁獲高が増えているため、水産物の輸入は急速に減っている。

問 6　日本の産業構造についての説明として正しいものを、次の①～④のうちから一つ選びなさい。（☞ 3―1―1）

①第一次産業の人口が最も多く、第二次産業と第三次産業はほぼ同じである。
②第二次産業の人口が最も多く、第一次産業の人口は最も少ない。
③第三次産業の人口が最も多く、第一次産業と第二次産業はほぼ同じである。
④第三次産業の人口が最も多く、第一次産業の人口は最も少ない。

問 7　日本の貿易の特徴を述べた文として正しいものを、次の①～④のうちから一つ選びなさい。（☞ 3―5―1～5）

① 1965 年に貿易が黒字になって以来、外国との貿易摩擦が現在も続いている。
②近年、先進国との貿易の割合が 20 % にまで減り、発展途上国の割合が増えた。
③近年、先進国との貿易摩擦が急速に減り、発展途上国との摩擦が増えた。
④第二次世界大戦後、輸入超過が続き、現在も貿易は赤字を続けている。

問 8　日本の交通についての説明として正しいものを、次の①～④のうちから一つ選びなさい。（☞ 3―4―3～7）

①日本海沿岸を中心に高速道路・鉄道・航空路が発達している。
②太平洋ベルトに高速道路・鉄道・航空路などの交通網が集中している。
③すべての地域で高速道路・鉄道・航空路などの交通網が発達している。
④大阪を中心とした近畿地方に高速道路・鉄道・航空路が集中している。

問 9　日本の商業についての説明として正しいものを、次の①～④のうちから一つ選びなさい。（☞ 3―2―9）

①大阪は 100 年前から日本の商業の中心になり、全国の販売額の 2 分の 1 を占める。
②東京は江戸時代から日本の商業の中心で、全国の販売額の 2 分の 1 を占める。
③日本の商圏は、東京を中心とした東日本と大阪を中心とした西日本に分かれる。
④日本の商圏は、東京を中心とした北日本と横浜を中心とした南日本に分かれる。

歴　史

れきし

1-1 イギリス産業革命

産業革命はどのようにして始まったか？
産業革命はどのような影響を与えたか？

1-1-1 商業革命

イタリアで始まったルネサンスは、西ヨーロッパじゅうへ広まり、科学と技術の発展をもたらした。十字軍以来、香辛料などアジアの物産の需要が拡大していたが、航海技術の発展によって、直接アジアへ至る航路の開拓がくわだてられるようになった。

その結果、ヴァスコ＝ダ＝ガマらの活躍によってインド航路を開拓したポルトガルは南アジアで、アメリカ大陸へ始めて到達したコロンブスを援助したスペインは「新大陸」で、それぞれ交易を独占し、繁栄することになった。

この新しいアジア貿易と新大陸貿易は、ヨーロッパの毛織物、新大陸の銀、アジアの香辛料を取り引きする三角貿易でむすばれ、世界的な規模の貿易へと発展した。

こうして、それまでの東地中海の東方貿易は衰退し、それを担っていた北イタリアの商業都市にかわって、大西洋岸のポルトガル・スペイン・イギリス・オランダへ経済の中心は移り、商業活動の規模も大きくなった。

アメリカ大陸からもたらされた大量の銀のため、16世紀のヨーロッパでは、価格革命と呼ばれる物価の上昇と貨幣価値の下落が起こり、それまでの領主層は大きな打撃をうけ、商人が力をつけるようになった。

こうした変化は商業革命といい、この結果、商工業活動が活発となって、のちの資本主義経済発展の基礎を形づくることになった。

1-1-2 重商主義

宗教改革の混乱をへて、封建社会から近代社会へ脱皮したヨーロッパでは、国王が官僚制や常備軍を整えて中央集権的な権力を形づくり、諸侯の力を圧倒して絶対王政をしいた。

このような国王の権力拡大を歓迎し支持したのは、海外貿易で強力なうしろだてを必要とした都市の大商人であった。彼らは国王から商業や貿易の独占的な特権をえるために、官僚や軍隊を維持するための資金を提供した。国王は彼らの求めにこたえ、大商人の利益のために商工業を保護し、統制した。このような政策を重商主義という。

こうしてヨーロッパでは商業・貿易が大きく発展し、毛織物工業を始めとするマニュファクチュア（**工場制手工業**）が発達することになった。

1-1-3　イギリスの市民革命

商業・手工業が発展するにしたがって、商工業市民層がより自由な経済活動を求め、王権とむすびついて特権保持をはかる大商人や封建制度を保持しようとする王権と対立するようになった。

まっさきにこの動きが表面化したのが、イギリスであった。王権神授説をとなえたスチュアート朝のジェームズ１世は、新興の商工業者やジェントリ（下級貴族など農村の有力者）と激しく対立した。その結果、1649年、ピューリタン革命が起こり、議会派の指導者クロムウェルらによってスチュアート朝の王政は倒され、自由共和国（コモンウェルス）が成立することになった。

こののち王政は復活したが、1688年、議会は立憲君主制を確立し（**名誉革命**）、ほかの国にさきがけて近代国家へと変身をとげた。

1-1-4　産業革命の始まり

18世紀に入ると、市民革命によって生産の自由な発展をさまたげるさまざまな独占や特権が廃止され、またインドや北アメリカでの植民地拡大によって、イギリスの商工業はいっそう発展した。

一方、地主貴族は中小農地や共同地を併合して大農地による農業経営を進めたため（**囲い込み運動**）、大量の農民が土地を離れて都市へ移り住み、工業労働者となって商工業の発展をうながすことになった。

こうして、イギリスの産業革命はまず木綿工業から始まった。それまでイギリスは木綿工業のさかんなインドから綿織物を輸入していたが、毛織物生産の技術を転用し、インドやアメリカ産の綿花を使った綿織物の生産を始めて、インドやアメリカへ輸出するようになった。

木綿工業は新興産業だったため、新しい技術がどんどん取り入れられた。紡績と織布の機械の改良があいつぎ、ワットの改良した蒸気機関が動力として使用されるようになった（**動力革命**）。

こうした機械の使用はほかの繊維工業へも広がり、さらにその機械を生産する機械工業、その基礎となる製鉄業・石炭業などに技術革新があいついだ。生産した大量の製品や石炭、原料を運ぶ交通・輸送機関の発達もうながされ、1825年にはスティブンソンの製作した蒸気機関車が実用化されて鉄道が普及し、海上交通もフルトンの発明した蒸気船の実用化により、大変化がもたらされた（**交通革命**）。

こうした技術革新によって、生産組織の上でも大きな変革がもたらされ、イギリスでは、19世紀前半には商品を大量に、安く生産する機械制工場が主流となった（**工場制機械工業**）。このような、機械制工場生産の確立を始めとする産業技術と生産組織の一連の変革を、産業革命という。

1-1-5 資本主義の確立

産業革命により、工業が経済の中心となって資本主義経済が確立し、産業資本家が地主や商業資本家にかわって、経済力と政治的発言力を強めた。

一方、それまでの手工業者は没落し、土地を失った農民とともに工場労働者（プロレタリアート）となって、都市に集まることになった。マンチェスターやバーミンガムなどの工業都市が各地で生まれ、社会のしくみや人々の生活も大きく変わった。

人口が急増した工業都市は治安や衛生が悪く、また労働条件は劣悪で賃金も低かったため、労働者の生活状態は大きな社会問題となった。

こうして、産業資本家と工場労働者は、たがいに対立しながらも社会を動かす二大勢力となり、市場の景気に左右される本格的な資本主義社会が成立したのである。

1-1-6 世界の工場イギリス

最初に産業革命が起こったイギリスは、圧倒的な工業生産力をほこり、豊富で安い工業製品を世界に輸出して世界市場を席巻し、「世界の工場」と呼ばれた。

交通手段の発達にともなって、イギリスを中心とする資本主義の経済網は世界に拡大し、世界の一体化がいちだんと進むことになった。

1-1-7 産業革命の波及

イギリスの産業革命はヨーロッパ各国に波及し、19世紀なかばには遅れて市民革命を終えたフランスとアメリカで、続いて国内を統一したドイツやイタリアでも産業革命が始まった。19世紀末には、農奴を解放したロシアと、明治維新で封建社会を脱した日本が続いた。

一方、アジア、アフリカ、ラテンアメリカの諸地域は、原料供給地や商品市場として、しだいにイギリスを始めとする資本主義諸国に従属する立場に追いこまれていった。

1-1-8 社会の変貌

産業革命による物質生活の向上で人口が増えて、大都市が次々うまれ、欧米の社会は大きく変化した。

それまでの封建的な身分秩序はゆらぎ、個人の才能と自由な経済活動が重んじられるようになった。新しい社会階層として医師・法律家・技術者などのさまざまな専門職が生まれ、また学校制度が整えられていった。

産業革命の中心的な担い手となったブルジョワジー（富裕な都市住民）は、新しい社会秩序を求めて政治的な発言権を求めるようになった（政治的自由主義）。

産業革命が進むイギリスでは、他国にさきがけて、1832年、財産を持つ市民に選挙権が与えられるなど、民主的な選挙法改正がおこなわれた。

これに対して、工場労働者は都市暴動や機械の破壊（**ラダイト運動**）といった反抗を各地で起こしたが、1830年ころから相互扶助組合や労働組合が結成されるようになり、参政権や貧富の格差解消を要求するようになった。

1-1-9 新しい経済思想

産業資本主義の確立にともなって、それまでの重商主義にかわる新しい経済思想がイギリスを中心に生まれた。「諸国民の富」をあらわした**アダム・スミス**らによって、利己心を追求する個人の自由な経済活動を重んじる自由主義経済学が確立され、**マルサス**や**リカード**に受けつがれて、**古典派経済学**と呼ばれる。

1-2 アメリカ独立革命

アメリカの独立とその後の状況

1-2-1 北アメリカの植民地

15世紀末にコロンブスがアメリカ大陸に到達して以来、スペイン人は先住民を服従させて広大な植民地を経営し、ブラジルを植民地としたポルトガルとともに富の独占をはかった。しかし、両国とも先住民を酷使し収奪するだけで、しかも本国の産業を育てなかったので、やがて勢いを失った。

17世紀に入ると、イギリス・オランダ・フランスが北アメリカに進出して、植民地を広げていった。イギリスは東海岸に数多くの植民地を開いたが、なかでも本国の迫害をのがれたピューリタンの一団が植民してから、ニューイングランド植民地が発展した。

イギリスは18世紀前半までに、13の植民地を成立させていたが、これらの植民地は独自の議会をもち、自治がおこなわれた。しかし、イギリスは重商主義政策によって、植民地の経済活動に制限を加えていた。

1-2-2 独立の機運

18世紀後半、フランスと植民地をめぐって争っていたイギリスは、財政が苦しくなり、そのため、北アメリカの植民地の砂糖や茶に税をかけた。植民地の人々は、本国の議会に代表を送る権利をもっていなかったため、強い不満をいだき、一方的に重税をかけることに抗議をした。

とくに1765年の印紙法に対して、植民地の人々は「**代表なくして課税なし**」ととなえて強く抗議し、これを撤回させた。

1-2-3 独立戦争

1773年、ボストン茶会事件をきっかけに、本国政府（イギリス政府）が弾圧を強めたため、翌年、植民地代表はフィラデルフィアで大陸会議をひらいて、本国に抗議した。

これに対して、本国政府は武力で弾圧しようとし、ついに1775年レキシントンで武力衝突が起こり、植民地各地へ広がって独立戦争へ発展した。大陸会議は、独立派のワシントンを植民地軍総司令とし、1776年にはジェファソンの草案による独立宣言を発表した。

［**ボストン茶会事件**］ 茶の独占販売権を東インド会社に与える茶法に反対する民衆が先住民に変装してボストン港に停泊する船をおそい、積み荷の茶箱を海に投げ捨てた事件。

1-2-4 独立宣言

この独立宣言は、ロックの自然法理論をよりどころにして、すべての人間は平等であり、生命・自由・幸福を追求する基本的な人権をもっている、政府はそのために組織されているのであるとうたい、のちのフランスの人権宣言とともに、近代民主主義の原理を明確な形で示している。

1-2-5 合衆国憲法

1777年、各植民地を連合して**アメリカ合衆国が誕生**し、翌年にはフランスが、次いでスペインが、独立を支持して独立戦争に参戦した。さらに、ロシアや北欧諸国も好意的中立（武装中立同盟）策をとって、イギリスを孤立させた。この結果、1783年、イギリスはパリ条約をむすんで、アメリカ合衆国の独立を承認した。

こののち1787年、人民主権、立法・行政・司法の三権分立、各州の自治を認めるアメリカ合衆国憲法が採択され、初代大統領にワシントンが就任した。

独立宣言や憲法でうたわれた基本的人権と自由は、しかし白人に限られたもので、先住民や黒人奴隷にはおよばないなど、問題をのちの世に残した。

1-2-6 アメリカの発展

独立後、アメリカはヨーロッパ諸国とアメリカ大陸諸国の相互不干渉を主張してモンロー宣言をおこない、これ以後の外交政策（**モンロー主義**）の基礎となった。

連邦政府は、国内の産業を育て、先住民から土地をうばいながら西方へ領土を広げ、西部開拓に力をそそいだ。豊かな大草原は農地や牧草地として開墾され、自営農民を中心に西部諸州が形成されていった。

南部の諸州では、黒人奴隷を使って大農場（プランテーション）で綿花を栽培し、輸出をしていた。そのため、奴隷制度と自由貿易を守ろうとした。これに対して北部の諸州では、工業が発展したので、工業製品の輸入を制限する保護貿易を求め、奴隷制度に反対した。このため、南北の対立が激しくなった。

1-2-7 南北戦争

1860年に北部出身の**リンカーン**が大統領に当選すると、南部諸州が合衆国から分離したことから、翌年、南北戦争（Civil War）が起こった。リンカーンは1863年に奴隷解放を宣言し、やがて勝利をおさめた。この戦争の結果、南部の大地主は没落して北部に支配されるようになった。西部はホームステッド法（一定の条件を満たすと開拓者にただで土地をあたえるという法律。自営農地法ともいう）や鉄道建設によって開拓が進み、ヨーロッパから移住する移民も増加して、アメリカの工業は飛躍的に発展した。

19世紀末になると、西部の**フロンティア（開拓の前線）**は太平洋に達して消滅し、アメリカは国外へ進出を始めることになった。

1-3 フランス革命

フランス革命はどのようにして起こったか？
フランス革命はどのような影響を与えたか？

1-3-1 フランス絶対主義

太陽王とたたえられたブルボン朝のルイ14世は、徹底した重商主義政策をとり、商工業の保護・育成をはかった。豊かな財政に支えられてたびたび戦争をおこない、またベルサイユ宮殿を建てて、はなやかな宮廷生活をくりひろげた。

このため、財政が悪化し、また経済を疲弊させてしまった。ルイ15世の時代にはイギリスに重要な植民地を奪われ、フランス絶対王政は大きくゆらいでいった。

1-3-2 啓蒙主義思想

18世紀後半に入ると、フランスでは、自然科学の合理的な考え方から発展した啓蒙思想が市民の間に広まり、絶対王政や不合理な社会制度を批判する思想運動へと発展した。

代表的な啓蒙思想家は**ヴォルテール**で、教会や王政を激しく攻撃した。**モンテスキュー**は「法の精神」で三権分立を主張し、**ルソー**は「社会契約論」で平等主義にたつ人民主権論を展開した。

1-3-3 フランス旧制度

革命前のフランス社会は、旧制度（**アンシャン・レジーム**）とよばれ、身分による差別が強かった。免税などの特権をもつ第一身分（聖職者）や第二身分（貴族）は、領主として農民から年貢などの租税を徴収し、重要な官職を独占する特権身分であった。残りの9割を占めるのが、第三身分（平民）であった。

この第三身分のなかの商工業者（ブルジョワジー）は、自由な経済活動をさまたげられて不満を強め、アメリカの独立や啓蒙思想の影響をうけて、特権身分との対立を深めていった。

1-3-4 フランス革命

ルイ16世時代になると、フランス政府の財政は破産状態となり、その建てなおしのため、1789年、三部会が召集された。

しかし、特権身分と第三身分との間の対立が表面化し、第三身分は自分たちこそ国民の代表であるとして国民議会を結成し、憲法が制定されるまで解散をしないと誓った

(球技場の誓い)。

この動きを政府が武力でおさえようとしたため、パリ民衆はこれに抗議して、7月14日にバスティーユ牢獄をおそって占領した。この旧体制への攻撃の知らせはたちまち全国に広まり、農民も立ち上がってフランス革命へと発展した。

1-3-5　人権宣言

こうしたなか、国民議会は封建的特権の廃止をきめ、人権宣言を発表して、人間の自由平等・主権在民・私有財産の不可侵性をうたった。これは近代市民社会の基本原理を明らかにするものであった。

議会を指導するラ＝ファイエットやミラボーらの手で、土地改革やギルド（同業組合）の廃止などさまざまな自由主義改革が実現され、1791年には、制限選挙制にもとづく立憲君主制の1791年憲法が制定された。

【人権宣言
第1条　人は生まれながらにして、自由で平等な権利をもつ。……。
第2条　あらゆる政治的団結の目的は、自由・所有権・安全および圧政への抵抗の権利を保障することである。
第3条　国民は、すべての主権の根源である。……。】

1-3-6　共和制成立

諸外国が武力で革命を干渉すると、議会は国民に呼びかけて国民軍をつくり、革命を守ろうとした。国王一家が外国に逃れようとしたのをきっかけに、国王への不信が高まり、1792年、普通選挙による国民公会が召集されて王政は廃止され、フランスは共和国となった。公会内の山岳派（ジャコバン派）の主張で、翌年ルイ16世は処刑された。

しかし、革命防衛のため恐怖政治がしかれるなど革命政権は安定せず、社会も安定しなかった。国民はこれ以上の革命の進行を望まなくなり、安定した社会の実現を求めるようになった。

1-3-7　ナポレオンのヨーロッパ支配

諸外国との戦争で力をつけた軍人のナポレオンは、1799年、クーデターによって権力をにぎった。そして、諸外国の軍を破ってフランスをとりまく国際情勢を安定させると、私有財産の不可侵、法の前の平等、経済活動の自由などをうたう民法典（**ナポレオン法典**）を公布した。

国民から大きな人気をえたナポレオンは、国民投票によって、1805年、皇帝の位につき、**ナポレオン1世**となった。

この年、イギリスとのトラファルガーの海戦で敗れたものの、ナポレオンはあいつぐ外征でヨーロッパ大陸諸国を次々と服従させた。1806年には大陸封鎖令を出して、大陸諸国とイギリスとの通商を禁じた。

1-3-8　ウィーン体制

しかし、イギリスとの貿易にたよる大陸諸国の経済を混乱させることになり、また諸国民の間に反フランス感情が生まれた。1812年、ロシア遠征の失敗をきっかけに諸国は立ち上がり、ライプチヒの戦い（**諸国民戦争**）でナポレオンを破ってパリを占領し、ナポレオンは退位した。

ナポレオンの没落後に開かれたウィーン会議は、オーストリアの外相（のちに宰相）**メッテルニヒ**が主導し、革命や戦争の再発を防ぐことを第一の目的としたウィーン体制を成立させた。

1-3-9　七月革命と二月革命

イギリス産業革命とフランス革命によってヨーロッパは、新しい時代に入ったが、ウィーン体制は新しい動きを封じる復古主義の体制であった。

このためフランス国民の不満は深まり、1830年、ウィーン体制で復活した専制的な王政を倒し、自由主義的な立憲王政にかえた（**七月革命**）。選挙権はまだ裕福な市民に限られていたため、再び国民の不満が高まり、1848年、王政が倒されて共和国となり（**二月革命**）、男子の普通選挙が実現した。

1-3-10　ヨーロッパの変容

この動きはヨーロッパ各地におよび、ウィーン体制は崩壊した。こののち、フランスには再び帝政がしかれた（ナポレオン3世による第二帝政）が、1871年以降、共和制が定着した。

フランス二月革命に影響されて、ヨーロッパ諸国は自由主義運動、労働者の政治運動、民族主義運動がさかんになり、1848年が「諸国民の春」とのちに呼ばれるように、ヨーロッパは大きく変わった。さらにイギリス産業革命の波及によって、各国でも産業革命が進み、経済的な大発展をとげることになった。

こうしたなか、農民を農奴として支配する専制体制のロシアは、クリミア戦争に負けたのをきっかけに、農奴解放令を出すなど国内改革を進めた。

1870年にはイタリアの統一がなり、ドイツも翌年、統一をさまたげるフランスとの普仏戦争（プロイセン-フランス戦争）に勝ち、プロイセン（プロシア）のもとに統一がなった。

1-4 アジアの植民地化

ヨーロッパ人はアジアをどのようにして植民地としていったか？

1-4-1 ヨーロッパ人のアジア進出

ヨーロッパ諸国で産業革命が進むと、アジアとヨーロッパの関係は大きく変わった。それまでヨーロッパに製品を供給していたアジア諸国は、機械制工業によって大量に生産される安い製品との競争に敗れ、その製品を買い、原料を供給する立場に追いこまれたのである。

ヨーロッパの先進諸国は、この経済関係をより確固としたものにするため、武力でアジア諸国の政治権力をうばって支配下におき、植民地として搾取するようになった。

1-4-2 オスマン帝国の衰退

ヨーロッパ・アジア・アフリカにまたがる大帝国を形成したオスマン帝国も、17 世紀末以降、ヨーロッパ諸国の侵略によって領土が小さくなり、その支配体制もゆらぎはじめた。

18 世紀に入ると、領内の各民族が独立の動きを見せ始め、19 世紀に初めにはエジプトが自立し、バルカン半島では独立運動が起こった。

たびかさなる戦争で国力をいちじるしく消耗させたが、1853 年にはクリミア戦争でロシア軍を破り、その南下を阻止した。

このの5近代化の改革を進めるが、改革と戦争の費用調達のため外国から受けた借款（国の借金）が返済不能となって、1875 年には財政破綻となり、かえってイギリス・フランスから経済的に支配される半植民地となってしまった。

1-4-3 イギリスのインド支配拡大

インドのほぼ全域を支配したムガル帝国は、18 世紀に入るとその支配体制がゆらぎ、各地に地方政権が独立し、さまざまな勢力が分立するようになった。

ヨーロッパ諸国は 17 世紀以来、東インド会社を設立してインド貿易をおこなっていたが、たがいに貿易の独占をはかり、インド領内にその勢力圏を広げた。

なかでもイギリスは、1757 年、プラッシーの戦いでフランスに支援されたベンガル軍を破り、その 7 年後にはムガル皇帝の軍隊も破って広大な地域をイギリス領とし、やがてフランス勢力をインドから追い出して、インド貿易を独占するようになった。

南インドでのマイソール戦争、西インドでのマラータ戦争を通じて勢力を広げ、19 世紀初めには、インド亜大陸（現在のインド・パキスタン・バングラデシュを合わせた領域）の全域を支配下においた。

1-4-4 インド産業の衰退

産業革命が進むなか、イギリスは、それまで輸入していた綿織物に高い関税をかけ、そしてインドなどから安く綿花を輸入して、機械制工業で生産した安い綿織物を大量にインドに輸出した。そのため、手工業によるインドの綿織物業は衰退していった。

1-4-5 インド大反乱とインド帝国

豊かなインドの富はイギリスに一方的に流出し、インドの経済状況は悪化していった。インド人の間でイギリスに対する反感が強まり、1857年、インド人傭兵（セポイ）の反乱が始まると、たちまち北インド全域に広まった。

イギリスは翌年、反乱を鎮圧し、この反乱に加わったムガル皇帝を退位させると、1877年、イギリス女王ヴィクトリアを皇帝としてインド帝国を成立させた。こうして、インドは完全にイギリスの植民地になってしまった。

1-4-6 東南アジアの植民地化

17世紀に入ってオランダは、バタヴィア（現在のジャカルタ）を根拠地にして植民地経営を始め、18世紀末にはジャワ島全域を支配下においた。

19世紀末までには、ジャワ島を始めとする島々にプランテーション経営を広め、オランダの経済に完全に組みこんだ。1904年には、インドネシア全域を支配下におき、オランダ領東インドを成立させた。

スペインは、16世紀以来、ルソン島を中心にフィリピンの植民地化を進め、完成させた。しかし、19世紀末、アメリカとの戦争に敗れて、アメリカにフィリピンをゆずった。

イギリスは、19世紀に入るとマレー半島にも進出し、シンガポールなどをあわせて1826年、海峡植民地を開いた。さらにビルマ（ミャンマー）へも進出し、3度にわたるビルマ戦争をへて、インドの1州として支配下においた。

インドをめぐる戦いでイギリスに敗れたフランスは、インドシナへ進出し、ヴェトナムの阮朝がキリスト教を迫害したのを口実に軍隊を派遣し、1862年にサイゴン条約をむすんで領土の一部をうばった。ついでカンボジアを保護国とし、1883年にはヴェトナム全土を保護国とした。

これに反発したヴェトナムの宗主国である中国と戦って撃退し、フランス領インドシナ連邦を形成させて、のちにラオスも加えてインドシナの植民地化を完成させた。

このようなヨーロッパ諸国による植民地化の動きのなか、タイは改革を進めて近代化をはかっていた。イギリス・フランス両国が、タイをたがいに侵略しない地域ととり決めたため、タイは侵略を受けることなく独立をたもつことができた。

1-4-7 東アジアの変動

18世紀に入ると、清朝の支配する中国の社会では、重い税金に苦しむ農民の反乱や少数民族の反乱がつづき、清朝の支配体制はゆらぎ始めた。

ヨーロッパで紅茶が広まって需要が増えると、イギリスは中国貿易を独占して茶・生糸を輸入した。しかし茶の輸入が急増すると、大量の銀を支払わなければならず、銀の不足に悩んだ。

そこでイギリスは、インドでつくらせたアヘンを中国人に密輸させ、それでえた銀を支払いにあてた。しかし中国政府がアヘンの取り締まりを強め、密輸されたアヘンを没収すると、1840年、イギリスは中国に対して**アヘン戦争**を起こした。

1-4-8 中国の半植民地化

この戦争に中国は敗れ、1842年、香港を奪われるなど不平等な南京条約をむすぶことになった。このの ち、イギリス・フランスと戦ったアロー戦争にも敗れ、1860年にむすんだ北京条約によって、中国はなかば植民地のような国にされてしまった。

中国の農民は、アヘン戦争の賠償金のため重い税金に苦しみ、清朝の支配や地主に対して不満を深めた。こうしたなか、1851年、キリスト教の影響をうけた洪秀全が中国南部で反乱を起こした。「滅満興漢」(清朝の満人を滅ぼし、漢人をおこすというスローガン)をとなえる反乱軍は、**太平天国**を建国し、土地を農民に平等に分けあたえながら北上し、南京を占領して首都とした。

大勢力となった太平天国も、1864年、イギリスなどの外国軍や、各地の軍隊、郷勇の力を借りた清朝によって倒されてしまった。

1-5 帝国主義

> 欧米列強はどのようにして世界を支配していったか？
> その後の変化と民族解放はどのようであったか？

1-5-1 世界の分割

19世紀後半から20世紀初めにかけて、欧米の**列強**（強い国々）では資本主義が発展し、経済活動はいっそう盛んになった。こうした情勢を背景に、列強は、製品の輸出市場や資源の供給地を求めて、武力を使ってアジア・アフリカの発展途上地域に勢力を拡大した。

このため、イギリス・フランス・ロシア・アメリカ・ドイツ・日本の六大国は、本国のほかに地球の陸地面積の約2分の1、世界人口の3分の1を占める植民地を支配するようになった。

1-5-2 アフリカ大陸の分割

イギリスはスエズ運河を手に入れ、エジプトを領有すると、スーダンをへてアフリカ大陸南端のケープ植民地をむすぶアフリカ縦断政策（**3C政策**）をおし進めた。これに対して、フランスは北アフリカからサハラ砂漠をへて、アフリカ大陸東岸の紅海やマダガスカルをむすぶアフリカ横断政策をおし進めた。この結果、両国は1898年、スーダンで衝突した（**ファショダ事件**）。

ドイツも遅れて、東アフリカ・南西アフリカへ進出した。またオスマン帝国とむすんで、西アジアへの進出もはかった（**3B政策**）。イタリアもエリトリア・ソマリアへと進出したが、エチオピア侵略では失敗した。

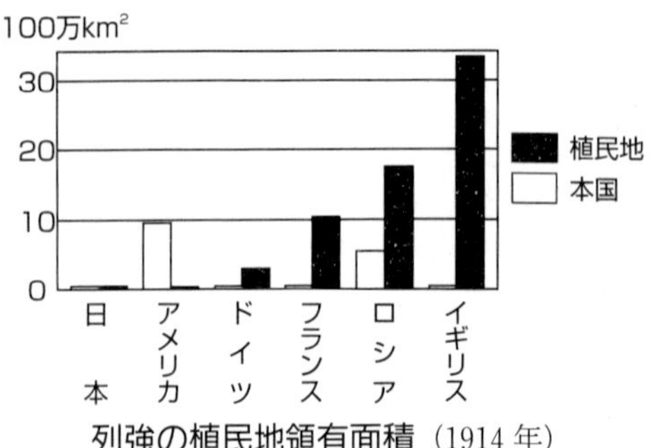

列強の植民地領有面積（1914年）

列強のアフリカ植民地

そのころイギリスは、オランダ人植民者の子孫ボーア人（ブール人ともいう）の植民地でダイヤモンドや金が発見されると、その地を支配しようと、1899〜1902年、ボーア人と戦争を起こした（**ボーア戦争**）。

イギリスはこの戦いに勝利すると、ボーア人と和解して南アフリカ連邦を成立させた。しかし、やがて連邦内でボーア人は勢力を強め、人種差別法を制定してアパルトヘイト政策をとるようになり、のちに問題を残すことになった。

こうして、アフリカ大陸はエチオピアとリベリアをのぞいて、19世紀末から20世紀初めにかけて列強にすべて分割されてしまった。

1-5-3　東アジアの分割

ヨーロッパ列強におくれて海外進出を始めたアメリカは、1898年、キューバの対スペイン反乱を助けて**米西戦争**（アメリカ-スペイン戦争）を起こし、スペインからフィリピンとグアム島をうばい、キューバも保護国とした。

欧米列強による植民地化は、中国（清朝）にもおよび、1894年に起こった日本との日清戦争に負けて台湾を失うと、ドイツ・ロシア・イギリス・フランスは次々と清朝から領土を借りうけて港や軍事基地をもうけ、その周囲を勢力圏として、中国を分割してしまった。

この動きによって中国進出が難しくなったアメリカは、中国における「門戸開放」「機会均等」、中国の「領土保全」をヨーロッパ列強に提唱した。

このような侵略に対して、中国の民衆は反感を強め、**義和団**が扶清滅洋（清朝をたすけ西洋を滅ぼす）をとなえて外国人排斥運動を起こすと、清朝はその動きに乗って、欧米列強に宣戦した。

しかし、ロシア軍と日本軍を中心とする8か国連合軍に敗退すると、清朝は連合軍とともに義和団を鎮圧し、民衆からの信頼をまったく失った。

1-5-4　日露戦争と韓国併合

このの後軍隊を帰さなかったロシアと、1902年にイギリスと日英同盟をむすんだ日本は、韓国（朝鮮）をめぐって対立を深め、ついに1904年、**日露戦争**（日本-ロシア戦争）を起こした。

アメリカ大統領セオドア・ルーズベルトのあっせんで、1905年、ポーツマス条約がむすばれ、日本は韓国・中国東北地方を勢力圏とした。

日本はこののち韓国の植民地化を進め、1910年、**韓国を併合**した。

1-5-5　欧米の変動

欧米では、この時代、大都市が発達し、社会の工業化はいっそう進んだ。モーター・内燃機関・電話・ラジオ・自動車のような現代社会に不可欠な機械や商品が実用化され、めざましい技術革新が進行した。この変革は**第二次産業革命**とも呼ばれる。

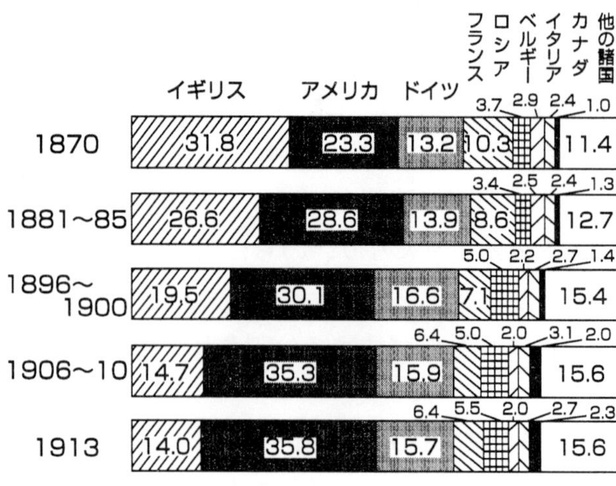

世界の工業生産に占める各国シェア（%）

先進工業国では、労働運動や社会主義活動がさかんになり、労働者政党の議会への進出も進んだ。マルクス主義が実践的な社会思想として社会に強い影響をおよぼし、1889年には社会主義運動の国際組織として、**第二インターナショナル**が結成された。

この流れのなか、イギリスでは労働党が結成され、フランスでは統一社会党が成立し、ロシアではレーニンらによって、ロシア社会民主労働党が結成された。

同じころ、アメリカとドイツが工業生産でイギリスとフランスを追いこし、そのため、イギリスは「世界の工場」の地位を失った。

1-5-6　民族解放の動き

オスマン帝国のトルコでは、秘密結社の**青年トルコ党**が組織され、専制政治を倒すため1908年に立ちあがった。反乱は成功し、近代化がおし進められることになった。イランでも、専制政治に対する批判が高まって立憲革命が実現し、近代化が進められることになった。しかし両国とも混乱が続き、近代化はうまく進まなかった。

一方、イギリスの植民地インドでは、**インド国民会議派**が生まれ、国産品愛用（スワデーシー）などをとなえて、イギリスからの独立機運を高めた。これに対してイギリスは、イスラム教徒とヒンドゥー教徒との宗教対立をたくみに利用して、その勢いを弱めようとした。

フィリピンでは、米西戦争（アメリカ-スペイン戦争）が起こると、アギナルドの指導のもとアメリカに協力して、1899年にスペインからの独立を宣言したが、スペインにかわった新たな支配者アメリカに裏切られ、独立運動はつぶされた。

中国の清朝では、康有為らを中心にして改革がこころみられたが、100日で挫折した（**戊戌の政変**）。清朝に失望した**孫文**は、清朝打倒の秘密結社をつくり、なんども革命をこころみるがいずれも失敗した。1905年、革命派は日本の東京で、孫文を指導者として中国同盟会を結成した。そして1911年、ついに**辛亥革命**を成功させて清朝を倒し、中華民国を成立させた。

復習しよう

＊できなかったところは、もう一度復習しよう。

問 1　大陸会議（Continental Congress）はアメリカ合衆国の独立のきっかけになったが、第 2 回めの会議は 1776 年 7 月に何を発表したか。正しいものを、次の①～④のうちから一つ選びなさい。（☞ 1—2—3）

①モンロー宣言　②奴隷解放宣言　③独立宣言　④合衆国憲法

問 2　産業革命によって確立した工業生産のしくみは何というか。正しいものを、次の①～④のうちから一つ選びなさい。（☞ 1—1—4）

①工場制機械工業　②マニュファクチュア
③問屋制家内工業　④オートメーション

問 3　産業革命をなしとげ、19 世紀に世界市場を支配したイギリスは何と呼ばれたか。正しいものを、次の①～④のうちから一つ選びなさい。（☞ 1—1—6）

①世界の市場　②世界の商店　③世界の工場　④世界の銀行

問 4　18 世紀末に起こったフランス革命についての文として最も適切なものを、次の①～④のうちから一つ選びなさい。（☞ 1—3—4～7）

①革命政府は、人権宣言を発表して、自由・平等・私有財産の尊重など、市民社会の原理を示した。
②革命政府は、権利章典を発表して、信仰の自由・議会の優位性などに基づく議会政治を確立した。
③革命政府はナポレオンを大統領に任じ、自由・平等の原理を法律に定めた。
④革命政府は、それまでの共和制をやめて、ルイ 16 世のもとで立憲政治を開始した。

問 5　ナポレオンの没落後、ヨーロッパにしかれたウィーン体制の説明として正しいものを、次の①～④のうちから一つ選びなさい。（☞ 1—3—8）

①ヨーロッパの旧体制を守りながら、穏健な共和制を普及することを、第一の目的と

した。

②オーストリア帝国によるヨーロッパ支配を安定させることを、第一の目的とした。

③君主制をやめてヨーロッパに共和制を普及させることを、第一の目的とした。

④ヨーロッパの旧体制を守り、革命や戦争の再発を防ぐことを、第一の目的とした。

問 6　帝国主義の時代についての文として正しいものを、次の①〜④のうちから一つ選びなさい。(☞ 1—5—2、3)

①イギリスは 3 C 政策をとって、インド・アフリカ大陸の支配をめざした。

②フランスは 3 B 政策をとって、アフリカ大陸の支配をめざした。

③ドイツはアフリカ縦断政策をとって、中央アフリカの支配をめざした。

④イタリアは東方政策をとって、西アジアの支配をめざした。

問 7　東南アジアの植民地化の説明として正しいものを、次の①〜④のうちから一つ選びなさい。(☞ 1—4—6)

①イギリスは、インドからインドネシアへ進出し、プランテーション経営を広めた。

②フランスは、海峡植民地を開き、やがてマレー半島の内陸も領有した。

③オランダは、ヴェトナムに進出して、やがてインドシナ全域を領有した。

④アメリカ合衆国は、スペインと戦って勝ち、フィリピンを植民地とした。

問 8　帝国主義の時代に、アジア諸国で起こった近代化・独立の動きの説明として正しいものを、次の①〜④のうちから一つ選びなさい。(☞ 1—5—6)

①トルコでは、青年トルコ党が専制政治を倒すため 1906 年に立ち上がり、革命政権を立てた。

②インドでは、インド国民会議派が生まれて国産品愛用などをとなえ、アメリカからの独立機運を高めた。

③フィリピンでは、アギナルドの指導のもと、フランスと戦うイギリスに協力して独立を達成した。

④中国では、何度も改革が試みられたが、オランダ・スペイン・ポルトガル・日本による中国分割をくい止められなかった。

2-1　第一次世界大戦

第一次世界大戦前の状況はどのようであったか？
大戦終結後の動きはどのようであったか？

2-1-1　列強の対立

ドイツは、かつて国内統一をさまたげたフランスを孤立化させ、ドイツに有利なヨーロッパの現状をたもつために、ロシア・オーストリアと三帝同盟をむすんでいた。しかし、ロシアとの関係が悪化したことから、1882年、オーストリア・イタリアと**三国同盟**を結成した。

ドイツ統一をなしとげた宰相ビスマルクが引退すると、皇帝ヴィルヘルム2世はドイツの勢力を広げようと、西アジアを始めとする世界各地へ進出した。

このドイツの動きに不安をいだいたロシアとフランスが露仏同盟（ロシア-フランス同盟）をむすび、続いてイギリスとフランスが英仏協商（イギリス-フランス協商、協商＝entente）をむすび、さらにイギリスとロシアが英露協商（イギリス-ロシア協商）をむすんだ。

この結果、すでに多くの植民地や勢力圏をもっていたイギリス・フランス・ロシアは、三国同盟に対抗する**三国協商**にまとまることになった。

こうして、三国同盟と三国協商の対立から、軍備拡張競争はますます激しくなった。

2-1-2　ヨーロッパの火薬庫

トルコ（オスマン帝国）の支配から脱したバルカン半島は、複雑な民族問題をかかえ、安定しなかった。ここに進出したロシアは、パン=スラブ主義をとなえてスラブ系諸民族の結束をはかり、対抗してオーストリアはドイツとともにパン=ゲルマン主義をとなえた。

1908年、オーストリアがスラブ系のボスニア地方を併合すると、対立はさらに悪化し、いつ戦争が起こってもふしぎではないため、バルカン半島は「ヨーロッパの火薬庫」と呼ばれるようになった。

同盟
協商
イギリス
日本
ドイツ
イタリア
オーストリア
フランス
ロシア
1902
1904
1907
1907
1882
1894

第一次世界大戦前の
おもな同盟・協商関係

2-1-3　大戦の勃発

1914年、オーストリアの皇太子夫妻が、ボスニアの首都サラエボで、スラブ系のセルビア人青年に暗殺された（**サラエボ事件**）。これをきっかけに、オーストリアとセルビアとの間に戦争が始まった。

ドイツはオーストリアを支持し、ロシアはセルビアを支持して、それぞれ参戦した。三国協商をむすんでいたイギリス・フランスはロシアを支持して、ドイツに宣戦した。

おくれて、イギリスと日英同盟をむすんでいた日本が協商国（三国協商・連合国）側にたって参戦し、トルコは同盟国側について参戦したので、戦争はアジア・太平洋にも拡大し、史上初めての世界規模の戦争、**第一次世界大戦**となった。

三国同盟の一員であったイタリアは、中立を守って参戦しなかったが、1915年、三国協商側にたって参戦した。

2-1-4　総力戦

戦争は、各国指導者の予想をこえて長引いた。

各国は経済力と国民をすべて戦争のために動員し、それまでになかった総力戦となった。飛行機・戦車・毒ガス・潜水艦などの新兵器が使われ、死傷者の数は急増し、軍人だけでも死者は約900万人にのぼった。

協商国（連合国）側は、植民地からも物資や兵士・労働者を大量に動員した。とくに、イギリスの植民地インドでは、150万人におよぶ兵士や人員が戦争に動員された。

1917年、ドイツは協商国側の物資輸入をさまたげるため、無制限潜水艦作戦を始めた。これは協商国側に物資を供給していたアメリカの商船を沈めることになり、協商国とむすびつきを強めていたアメリカは、これを理由にドイツに宣戦した。

アメリカの参戦は、大戦の戦局を大きく変えることになった。

2-1-5　大戦の終結

1917年11月、ロシア革命で成立した革命政権は協商国側の戦列を離れた。ドイツはロシアと単独で講和条約（ブレスト=リトフスク条約）をむすび、形勢のばん回をはかった。

1918年に入ると、協商国（連合国）側は本格的に反撃を始めた。ドイツは、同盟諸国があいついで降伏し、国内では反戦の動きが高まったため、11月、休戦条約に調印した。こうして、5年におよぶ世界大戦は、同盟国側の敗北で終えた。

2-1-6　ロシア革命

戦場では敗北が続き、国内では生活物資の不足が深刻になっていたロシアでは、国民の不満が高まっていた。しかし、政府は戦争をやめようとしなかったため、専制政治と戦争に反対する運動がいっそう高まった。

1917年3月、首都ペトログラード（現在のサンクト=ペテルブルク）で、婦人が先頭に立つパンと平和を求めるデモが起こった。これをきっかけに、パンと平和を求める反乱は各地に広がり、労働者・兵士はソヴィエト（評議会）という自治組織を結成した。

この結果、帝政（皇帝を中心とする専制政治）は倒れ、臨時政府が成立した。しかし、臨時政府も戦争を続けたので、**ボリシェヴィキ**（ロシア社会民主労働党が分裂したあとの党の多数派勢力。のちにロシア共産党と名を改める）の指導者レーニンは、「パンと平和と土地」を求める国民の声にこたえて、同年 11 月、臨時政府を倒して**ソヴィエト政権**をうち立てた（**十一月革命**）。

2-1-7　ソ連邦誕生

ソヴィエト政権は、地主の土地を農民に分けあたえ、資本家の工場や銀行を国有にして、社会主義をめざすことを宣言した。この革命に反対して資本家・地主は、内戦を起こし、これを支援するため協商諸国は軍隊をロシア国内に送った（干渉戦争）。これに対して、ソヴィエト政権はコミンテルン（**第三インターナショナル**）を設立して、世界革命の実現をめざした。

レーニンはロシア共産党による一党独裁を確立し、内戦と干渉戦に勝利したのち、1922 年に**ソヴィエト社会主義共和国連邦（ソ連）**を成立させた。

2-1-8　パリ講和会議

1919 年、敗戦国ドイツとの講和のため、講和会議がパリで開かれた。会議は、アメリカ大統領ウィルソンのとなえた十四か条の平和原則をもとに、イギリス・アメリカ・フランスを中心にして進められた。

ヴェルサイユ条約によって、ドイツは、すべての植民地とアルザス・ロレーヌなどヨーロッパでの領土の一部を失い、巨額の賠償金の支払いを課され、軍備もきびしく制限された。

イギリス・フランスの利益本位に進められた講和会議に、ロシアは招かれず、アジア・アフリカの植民地の人々の独立要求も認められず、またきびしい内容のヴェルサイユ条約にドイツ国民は深いうらみをいだくことになり、いずれも問題をあとに残すことになった。

2-2 世界恐慌

第一次世界大戦後の国際状況はどうであったか？
世界恐慌の影響はどうであったか？

2-2-1 ヴェルサイユ体制

ドイツを始めとする同盟諸国は、パリ講和会議ののちにむすばれた諸条約によって、きわめて不利な立場におかれた。

新たなヨーロッパの秩序は、ヴェルサイユ体制と呼ばれた。この体制のもと、ドイツの力は弱められ、オーストリアやトルコなどの帝国は解体されて一小国になり、さらに、ソ連の影響が広まるのを防ぐため、東欧諸国に多数の小国家がつくられた。

2-2-2 国際連盟

講和会議では、国際連盟（League of Noations）の設立が決められた。世界の国々が集団的に世界の平和を守り、国際協力を進める史上初の国際組織であった。1920年に発足し、スイスのジュネーブに本部をおいた。

しかし、提唱国のアメリカは孤立主義から参加せず、ソヴィエト政権は参加を除外されていた。この二大国を欠いたうえに、イギリス・フランスが自国の利益本位に運営しようとしたので、国際連盟は最初から大きな制約をかかえることになった。

2-2-3 ワシントン体制

戦後、ヨーロッパ諸国の債権国となって大きな発言力をもつようになったアメリカは、国際連盟とは別に国際秩序の再編に活躍した。

1921年には、イギリス・アメリカ・フランス・日本・中国など9か国を招いてワシントン会議を開催し、東アジアと太平洋地域の国際秩序を成立させた。

このとき、中国の独立と主権の尊重、門戸開放などを定めた九か国条約がむすばれ、またイギリス・アメリカ・フランス・日本との間で、太平洋地域の平和と現状維持を定めた四か国条約がむすばれた。そのときに、日英同盟が解消された。

ここで決められた世界秩序は、ワシントン体制と呼ばれる。

この会議では、軍縮も討議され、イギリス・アメリカ・日本の海軍主力艦の保有が制限された。

こうした軍縮の流れを受けて、1928年には、15か国が参加して、国際紛争を解決するため武力を使わないことを約束した**不戦条約**がむすばれた。

2-2-4　新たな経済大国

大戦中から戦後にかけて、欧米先進国の工業化はいっそう進み、鉄・石炭の重工業にかわって電気・化学工業が産業の主役になり、これに石油や自動車産業などが加わった。商工業や銀行の企業集中はさらに進み、大企業の支配力はますます強まった。

戦後、しばらく経済が停滞したヨーロッパにかわって、アメリカの経済力は世界一となり、大量生産・大量消費による資本主義経済の新しい形を生みだした。

アメリカはならぶもののないの経済大国となり、ヨーロッパ諸国の債権国として大きな発言力をもつようになった。一方、東アジア・太平洋地域では、ヨーロッパ列強の勢力が後退し、かわりに日本が勢力を広げた。

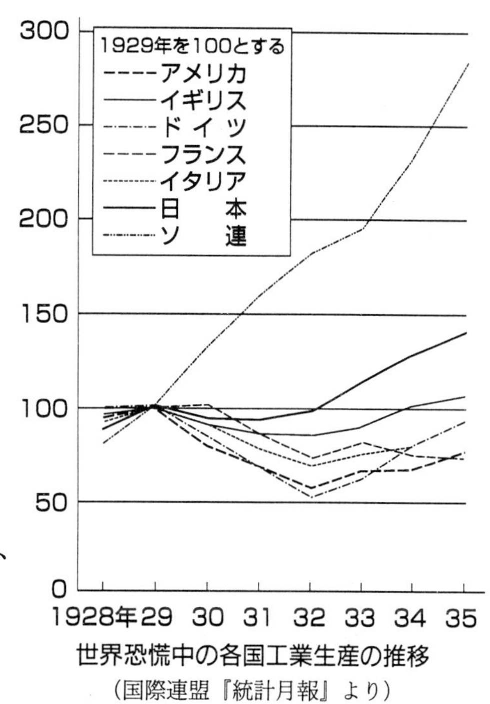

世界恐慌中の各国工業生産の推移

（国際連盟『統計月報』より）

2-2-5　動揺するヨーロッパ

イギリスは戦争に勝ったものの、戦後、経済が停滞して国民の不満が高まった。そのため、**労働党**が国民の支持を集め、1924年、マクドナルドによる労働党内閣が誕生し、1928年には男女平等の普通選挙が実現した。

イタリアでは、ヴェルサイユ体制に対する国民の不満が強く、経済の停滞などから社会が動揺した。ムッソリーニが指導する国粋主義のファシスタ（ファシスト）党が、地主・資本家・軍人の支持をえて、1922年、政権をにぎった（イタリアのファシズム）。

ソ連では、レーニンの死後、スターリンが権力をにぎると、世界革命の方針を捨て、一国社会主義にもとづいた経済政策を推進した。国内の重工業に重点をおき、1928年から第一次五か年計画に着手した。

2-2-6　ドイツの復興

ドイツでは、戦争が終わるさいに革命が起こり、社会が混乱した。しかし、混乱をおさめた国民議会は、1919年、民主的なヴァイマル（ワイマール）憲法を定め、エーベルトを大統領に選んで、ヴァイマル（ワイマール）共和国を発足させた。1920年のアメリカ、1928年のイギリスにさきがけて、普通選挙を実現させた。

支払い能力をこえる賠償金の重圧や、破局的なインフレーションの進行で経済的な混乱が続いたが、1924年ころから経済は回復をとげた。1926年には国際連盟への加入が実現した。

2-2-7　民族運動

大戦後、西アジアでは、オスマン帝国（トルコ）が解体して多くの領土を失い、列強の植民地にされかけた。ムスタファ=ケマル（のちにケマル=アタチュルクと呼ばれる）は、民族主義者を結集して共和国政権をたて、政治と宗教（イスラム教）を分離させて、近代化政策を推進した。

インドでは、**ガンジー**らの指導のもと国民会議派は非暴力・不服従運動を展開し、支配者のイギリスに対して独立を求めた。その結果、1935年、イギリスは新インド統治法を定め、自治の拡大を認めた。

中国では、1919年、三民主義をとなえる孫文を中心に中国国民党が結成された。続いて1921年には、中国共産党が結成された。

初め両党は手を組んでいたが、孫文が死ぬと、国民党の新たな指導者蔣介石は、勢力を広げる共産党の弾圧を始めた。以後、両党の激しい内戦が続くことになった。

2-2-8　世界恐慌

大戦後、アメリカは世界経済の中心として繁栄した。世界中から集まる資本は、株や土地に投資されるようになり、とくにゆきすぎた株式投機をまねいた。

1929年10月、ニューヨークの**ウォール街**で株価が大暴落し、アメリカの好景気は終わった。不景気は1～2年のうちに全世界へ広まり、世界恐慌になった。

アメリカでは、農民が農地を失い、企業や銀行が次々に倒産し、ピーク時の1932年における失業者は1500万人、労働者の3人に1人が失業していた。

各国の工業生産はいちじるしく低下し、貿易もそれまでの3分の1に減り、大量の失業者が生まれた。

2-2-9　ニューディール政策

この恐慌で、アメリカの経済・社会は混乱におちいった。1933年、大統領に就任したフランクリン・ローズヴェルト（ルーズヴェルト）は、政府の力で恐慌をぬけだそうとして、ニューディール（新規まきなおし）政策を推進した。

ローズヴェルト政権は、政府の資金で銀行を救済し、企業を助け、工業・農業の生産を調整した。また、テネシー川流域の総合開発など大規模な公共事業をおこし、失業者に仕事をあたえて救済をはかった。

しかし、ニューディール政策は、恐慌対策としては成功といえなかった。アメリカ経済が息を吹きかえすのは、第二次世界大戦以降であった。

2-2-10　ブロック経済

イギリス・フランスは、アメリカのような積極的な対策をとらず、不景気が終わるのを待った。しかし景気は回復せず、混乱は増すばかりであった。

そこで、イギリス・フランスは、海外の植民地や勢力圏、自治領との経済的なむすびつきを強めて、景気を回復させようとはかった。イギリスは、カナダ・オーストラリアなどイギリス連邦のなかから他国の商品をしめだして、自国だけの排他的な経済圏をつくった。これはブロック経済と呼ばれ、フランスもこれにならった。

2-2-11 ドイツの恐慌

恐慌の発生とともにアメリカ資本が引き上げられたドイツは、たちまち深刻な経済混乱におちいった。失業者は600万人をこえ、ひ弱なヴァイマル（ワイマール）共和国は不安定になり、ヴェルサイユ条約の廃棄やゲルマン民族の人種的優位を説くナチスの進出を許すことになった。

2-3　第二次世界大戦

> 第二次世界大戦前の状況はどうであったか？
> 大戦後の状況はどうであったか？

2-3-1　ファシズムの台頭

大戦後、ヨーロッパで民主主義や労働運動が力をえると、それに反対する政治運動ファシズムが現われ、しだいに民衆の支持を集めるようになった。

イタリアでは、1922年、**ムッソリーニ**のファシスタ（ファシスト）党が政権について独裁体制をとった。世界恐慌で経済がゆきづまって国民の不満が強まると、不満をそらすため、1935年、エチオピアを侵略して併合した。

ドイツでも、世界恐慌で経済・政治が大きく混乱し、国民の不満が強まった。ヒトラーの指導する**ナチス**（国民社会主義ドイツ労働者党、Nazis）は、ドイツの混乱は民主的な憲法やヴェルサイユ体制、ユダヤ人が原因だと宣伝し、ゲルマン民族の優越性を説いて、国民の支持を集めた。

2-3-2　ヒトラー政権

ヒトラーは、大資本家や軍部の支持を受けて、1933年、政権につくと、ほかの諸政党や労働組合を解散させ、一党独裁体制をうち立てた。翌年、大統領職も兼ねて国家元首（総統）になった。

ヒトラー政権は、アウトバーン（自動車専用道路）の建設など大規模な公共事業をおこして失業問題を解決し、ユダヤ人を迫害し、国民から言論・思想の自由をうばって、画一的な全体主義国家をつくり上げた。さらに、国際連盟を脱退し、ヴェルサイユ条約に反して再軍備宣言をした。

こうして、第一次世界大戦後のヨーロッパ秩序となっていたヴェルサイユ体制は崩壊した。

2-3-3　人民戦線

ファシズムの台頭に対して、フランスやスペインでは、労働者や知識人がすべての民主主義勢力の結集をめざして人民戦線（反ファシズム統一戦線）を結成し、1936年、両国で人民戦線内閣が生まれた。

しかし、スペインでは、地主や大資本家の支持を受けた軍人のフランコが反乱を起こし、ヒトラーのドイツに助けられて人民戦線政府を倒した。フランスの人民戦線政府も1年あまりで倒れた。

2-3-4　ベルリン=ローマ枢軸

このような状況のもと、ドイツとイタリアは接近し、1936年、ベルリン=ローマ枢軸を結成した。

一方、世界恐慌で深刻な経済混乱におちいっていた日本は、ワシントン体制を無視して、中国を侵略し「満州国」をたてた。しかし、国際連盟に独立国と認められず、そのため国際連盟を脱退してドイツに接近し、1936年、防共協定をむすんだ。翌年には、この協定にイタリアも参加した。

2-3-5　ミュンヘン会議

ドイツのヒトラーは、日独伊防共協定（日本-ドイツ-イタリア防共協定）をむすぶと、社会主義革命の波及を防ぐ口実で、1938年、周辺国への侵略を始めた。同年にはオーストリアを併合し、次いでチェコスロヴァキアのズデーテン地方を併合した。

これに対して、イギリスを始めとする列強は**宥和政策**（appeasement policy）をとり、同年、ミュンヘン会議でドイツの侵略を黙認した。

2-3-6　大戦の勃発

半年後、ドイツは会議でかわした約束を破って、チェコやポーランドなどの周辺国を侵略した。イギリス・フランスは宥和政策を捨て、ソ連に同盟を求めた。

しかし、ソ連は、社会主義の波及を防ぐため宥和政策をとっていたイギリス・フランスに不信を強めていたため、かえってドイツと独ソ不可侵条約をむすんで、世界を驚かせた。

ドイツは、1939年9月、大軍でポーランドへ進攻した。これに対して、イギリス・フランスはポーランドを助けるため、ただちにドイツに宣戦して、第二次世界大戦が始まった。

1940年4月、ドイツはデンマーク・ノルウェーを急襲して占領し、翌月にはオランダ・ベルギーも占領してフランスへ進攻し、降伏させた。

ドイツ有利の戦況をみて、イタリアもドイツ側にたって参戦した。

2-3-7　連合国の反撃

イギリスでは、**チャーチル**が首相となって戦争を指導し、ドイツの激しい攻撃をしりぞけて、イギリス本土上陸をあきらめさせた。一方、フランスの将軍ド=ゴールは、降伏した本国政府にかわって、イギリスで自由フランス政府を組織し、ドイツへの抵抗を続けた。

ドイツはバルカンへ軍を進め、ここもドイツの勢力圏においた。この動きをおそれたソ連の指導者**スターリン**は、1941年、日本と**日ソ不可侵条約**をむすんで背後の安全をかためた。同年、ドイツの大軍は突然、ソ連領内に進攻したが、ソ連軍は激しく抵抗してその進撃をくいとめた（独ソ戦）。イギリスとアメリカは、ソ連に武器・物資を送って助けたため、やがてドイツ軍は後退を始めた。

2-3-8　太平洋戦争

日本は、1937年以来、**日中戦争**（日本-中国戦争）で苦しんでいた。1940年、フランスがドイツに降伏したことから、フランス領インドシナの北部を占領した。イギリス・アメリカを牽制するため**日独伊三国同盟**（日本-ドイツ-イタリア三国同盟）をむすぶと、さらにフランス領インドシナの南部も占領した。

アメリカは、この日本の侵略行為に対して、A・B・C・Dライン（Aはアメリカ、Bはイギリス、Cは中国、Dはオランダ）をつくって経済封鎖し、中国・朝鮮半島・東南アジアから日本軍の撤退を強く求めた。

アメリカとの交渉にゆきづまった日本は、1941年12月、ハワイの真珠湾（パールハーバー）を奇襲攻撃してアメリカ・イギリスに宣戦し、太平洋戦争が始まった。

2-3-9　ユダヤ人虐殺とレジスタンス

ドイツは、**ユダヤ人を迫害**し、ポーランド領アウシュビッツなどの強制収容所で**大量虐殺**をおこなった。その数は、ヨーロッパの全ユダヤ人の3分の2にあたる600万人にのぼるという。ドイツ軍の占領地域では過酷な支配がおこなわれ、これに対して、フランスやユーゴスラヴィアなど各地で**レジスタンス（抵抗）運動**がもりあがった。

2-3-10　連合軍の勝利

1941年、アメリカ大統領ローズヴェルト（ルーズベルト）とイギリス首相チャーチルは、ナチスの打倒と戦後の平和構想をうたう**大西洋憲章**（Atlantic Charter）を発表して、戦争目的を明らかにした。ヨーロッパでは、1942年の後半から連合軍の反撃が本格的になった。翌年、ソ連軍はスターリングラードでドイツ軍を破り、またイギリス・アメリカ両軍はイタリアを降伏させた。

一方太平洋では、日本海軍が敗れたミッドウェー海戦を境に、連合軍が優勢に立った。

1944年、連合軍は北フランスのノルマンディーに上陸して、パリを解放し、ドイツに攻めこんだ。1945年5月、ついにヒトラーは自殺し、ドイツは無条件降伏をした。

同年7月、アメリカ・イギリス・中国はドイツのポツダムで、**ポツダム宣言**を発表し、日本に降伏をよびかけたが、日本はこたえなかった。

そのため、アメリカは広島・長崎に原子爆弾を投下し、ソ連軍も参戦した。ついに、日本は無条件降伏し、第二次世界大戦は連合国の勝利をもって終わった。

2-4 冷戦

冷戦はどのようにして始まったか？
冷戦はどのように推移していったか？

2-4-1 国際連合

戦争中から、国際連盟にかわる新しい国際組織をつくる動きが、アメリカを中心に始まった。ドイツが降伏した直後、サンフランシスコに集まった連合国50か国は**国際連合憲章**（United Nations Charter）の採択をおこない、その年の10月、国際連合（国連）が発足した。

国際連盟の失敗の反省から、総会より安全保障理事会に大きな権限と責任をあたえ、大国の協調を重視してアメリカ・イギリス・フランス・ソ連・中国の常任理事国に拒否権を認めた。この五大国が一致しなければ、重要事項の決定はできない制度がとられたのである。

2-4-2 冷戦の始まり

アメリカは、大戦中、本土が戦場になることがなく、ほとんど戦争の被害を受けなかった。そのため、いっそう強大な経済大国となり、資本主義世界の盟主として自信を深め、混乱した先進工業国に復興のため物資と資金を大量に提供し、援助した。

これに対して、戦場となって国土が荒廃したソ連は、スターリンの独裁体制のもとで復興をはかり、占領地には社会主義政権を次々つくらせ、ソ連の勢力圏とした。

米ソは東ヨーロッパや朝鮮問題をめぐって対立し、世界は**冷たい戦争**（**冷戦**、Cold War）と呼ばれる緊張状態におちいった。

2-4-3 冷戦の激化

西欧諸国では、大戦中、抵抗運動で活躍した左翼勢力が力を伸ばし、なかでもフランス・イタリアでは共産党が政権に参加し、ギリシャでは共産党の反乱で国内が混乱した。こうした左翼勢力の動きに、アメリカ大統領トルーマンはトルーマン宣言（トルーマン・ドクトリン）を発表して、社会主義勢力のリーダーであるソ連の封じこめ政策を進め、またヨーロッパの復興を支援するためマーシャル・プランを発表した。

アメリカと西欧諸国の結束は、1949年、カナダも加えた**北大西洋条約機構（NATO）**の結成で、さらに強くなった。

これに対抗して、ソ連は**経済相互援助会議（コメコン）**を設立し、NATOに対抗して、東ヨーロッパ友好相互援助条約（**ワルシャワ条約**）を東欧諸国との間でむすんだ。

2-4-4　ドイツの分割

ドイツは戦後、アメリカ・イギリス・フランス・ソ連の4か国に分割占領され、その首都ベルリンも同じように分割占領された。1948年、ドイツの占領政策をめぐって西側3か国と対立すると、ソ連は西ベルリンへの交通を遮断した（**ベルリン封鎖**）。

これを機会に東西両陣営の対立は強まり、ついに、1949年、西にドイツ連邦共和国（西ドイツ）、東にドイツ民主共和国（東ドイツ）が成立し、ドイツは東西に分裂してしまった。

西ドイツはアデナウアー首相のもとで、奇跡と呼ばれる経済復興をとげ、NATOに加入するなど、西側陣営に加わった。

2-4-5　ヨーロッパ経済共同体（ＥＥＣ）

西欧諸国は、第二次世界大戦で国力を大きく疲弊させ、植民地を次々失い、政治・経済的な地位を大きく低下させた。経済的に立ちなおるため、西欧諸国は経済統合の道を選び、1958年、米ソに匹敵する人口と工業力をもつヨーロッパ経済共同体（ＥＥＣ）を発足させた。

これによって、西欧諸国では経済上の国境がとりはらわれ、域内の資本や労働の自由な移動、加盟国の経済政策の統一などが実現した。このＥＥＣは、1967年、**ヨーロッパ共同体（EC）**に発展した。

戦後の国際経済秩序は、GATT（関税と貿易に関する一般協定）とＩＭＦ（国際通貨基金）の２つの制度によって支えられた。1948年に発足した**GATT**は、自由貿易の促進をはかるための制度で、一方、1944年のブレトン=ウッズ協定に基づいて1947年に設立された**ＩＭＦ**は、国際通貨協力の促進などをはかるものだが、実質的にはドルを基軸とする国際通貨制度である。

2-4-6　東西の対立

東西の対立は、ヨーロッパ以外の地域でも激しくなった。アメリカは、東南アジアや西アジア諸国と軍事協定をむすんで、世界的規模でソ連を盟主とする社会主義勢力の封じこめにつとめた。

1959年、キューバでカストロらに指導された革命政権が成立すると、アメリカはキューバと断交した。そのため、キューバはソ連に接近した。

1962年、キューバにソ連のミサイル基地が建設されていることがわかると、アメリカはキューバを海上封鎖し、ミサイル基地の撤去を強く求めた。このため、世界は核戦争勃発の危機に直面した（**キューバ危機**）が、米ソ首脳の直接交渉の結果、戦争は回避された。

このように東西対立が深まるにつれ、米ソは、ＩＣＢＭ（大陸間弾道ミサイル）を始めとする核兵器の開発を進めるなど軍備拡張につとめた。この結果、人類は核兵器による滅亡の不安におののくことになった。

2-4-7 冷戦の緩和

独裁者スターリンの死後、ソ連では国内体制の自由化の動きがみられた。1956年、フルシチョフがスターリン批判をおこない、またアメリカを訪問するなど、東西対立の雪どけを象徴した。

世界の知識人や民衆の間では、人類の立場に立って核兵器の禁止を求める平和運動がもり上がった。この世界世論におされて、1963年、アメリカ・ソ連・イギリスの間で、**部分的核実験停止条約**がむすばれ、1968年には国連で**核拡散防止条約**が成立した。

2-4-8 冷戦の終結

1970年代になると、ソ連は、農業だけでなく工業の成長率も大きく低下するようになった。そのため、軍備拡張を続ける一方で、アメリカとの間で**緊張緩和（デタント、**detente）につとめた。

しかし、1979年、ソ連のアフガニスタン侵攻をきっかけに、東西の緊張がふたたび高まり、ソ連の財政・経済を大きく圧迫することになった。

1985年、ソ連は経済的にゆきづまり、改革派のゴルバチョフが指導者となり、**ペレストロイカ**（立てなおし）と呼ばれる政策をおし進めた。しかし、改革はうまくゆかず、ついに1991年、ソ連は解体し、かわって独立国家共同体（ＣＩＳ）が成立した。

この結果、ソ連の勢力圏内にあったポーランドを始めとする東欧諸国は、ソ連の支配からぬけだして、いずれも社会主義体制を捨てた。冷戦の象徴であったベルリンの壁が撤去され、1990年に東西ドイツは統一され、ついに冷戦は終結した。

ＥＣに加盟する西欧諸国は、1992年、**マーストリヒト条約**（欧州連合条約）をむすび、ＥＣにかわって**EU（欧州連合）**を発足させ、経済統合から政治統合、ヨーロッパ統合へ向けて一歩踏み出した。

一方、冷戦の勝者アメリカは、1992年、メキシコ・カナダとの間で、北米自由貿易協定（NAFTA）をむすんで北米経済の一体化をめざし、情報通信産業などハイテク産業を中心に世界経済をリードするだけでなく、政治的にもいっそう世界をリードするようになった。

こういった地域統合をめざす地域主義は、アジアにもおよび、1993年、**ASEAN自由貿易圏（AFTA）**が発足し、また日本やアメリカを含む環太平洋諸国の経済協力も、**アジア太平洋経済協力会議（APEC）**で検討されている。

2-5 アジアとアフリカ諸民族の独立運動

アジアとアフリカ諸国はどのようにして独立していったか?

2-5-1 東南アジアの独立

アジアでは、大戦中から植民地支配に対する独立運動が進められていた。しかし、戦後、その運動は、東西の対立、冷戦の影響を強く受けることになった。

日本の敗戦直後、フランスの植民地ヴェトナムでは、ホー=チ=ミンを大統領とするヴェトナム民主共和国が成立したが、インドシナ支配の維持をはかるフランスは独立を認めず、1946年、インドシナ戦争が始まった。フランス軍は1954年、ディエンビエンフーで大敗し、ジュネーブで休戦協定をむすんでヴェトナムから撤退した。

オランダの植民地インドネシアでは、スカルノらが独立を宣言し、オランダとの戦争で勝って、1949年に独立をはたした。

フィリピン、セイロン(現在のスリランカ)、ビルマ(現在のミャンマー)も戦後、あいついで独立した。

2-5-2 インドの独立

インドでは、戦後、反イギリス運動が広がったため、支配者のイギリスは独立を認めた。しかし、インド国内でヒンドゥー教徒の国民会議派と、ジンナーの指導するムスリム連盟との対立が高まり、統一インドの独立は不可能となった。

1947年、ついに、ヒンドゥー教徒が多く住むインド連邦と、イスラム教徒の多く住むパキスタンとに分離独立することになった。

2-5-3 中華人民共和国の成立

中国では、長く続いた内戦と日本との戦争で、国土は荒廃し、人々は疲れていた。そのため、1945年10月、蔣介石の指導する国民党と、**毛沢東**の指導する共産党は内戦をさけ、平和的に中国を統一することに合意した。

しかし、アメリカの援助を受けた国民党側が戦争を始め、ふたたび中国は内戦となった。初め、国民党が優勢であったが、土地改革などによって民衆の支持を集めた共産党が反撃に出て、ほぼ全土を支配下におき、1949年、中華人民共和国を建国した。

中華人民共和国は、1950年に中ソ友好同盟相互援助条約をむすび、ソ連の援助で工業化を進めた。一方、国民党(国民政府)は台湾に移り、アメリカの援助で中華民国を維持させることになった。

2-5-4 朝鮮戦争

日本の敗戦直後、その植民地だった朝鮮には独立政府がつくられたが、米ソはこの政府を認めず、北緯38度線を境に、北はソ連軍、南はアメリカ軍が分割占領した。1948年、アメリカの支援で南に大韓民国（韓国）が、ソ連の支援で北に朝鮮民主主義人民共和国が成立した。

しかし、1950年、ソ連と中国（中華人民共和国）の支持をうけた北朝鮮軍（朝鮮民主主義人民共和国の軍隊）は、北緯38度線をこえて南に進攻し、朝鮮戦争が始まった。

国連の安全保障理事会は、この戦争を北朝鮮の侵略とみなし、アメリカ軍を中心とした国連軍を編成して、この戦争に介入した。これに対して、中国から義勇軍が派遣され、北朝鮮軍を助けた。

しかし、この戦争が第三次世界大戦に発展するおそれが強まり、世界中で休戦を呼びかける運動が広まった。この動きを受けて、1953年に休戦協定が成立したが、朝鮮半島の南北分断は固定化されることになった。

2-5-5 西アジアの動乱

西アジアでは、戦後、シリア・レバノン・ヨルダンが独立したが、パレスティナでは、ナチスの迫害をうけてユダヤ人難民が大量に流入し、先住アラブ人との間で対立が深まっていた。

1948年、ユダヤ人がイスラエル国家を建国すると、アラブ諸国はイスラエル国家を認めず、**第一次中東戦争（パレスティナ戦争）**を起こした。この戦争にイスラエルは勝ち、パレスティナの広い地域を占領して、多くのパレスティナ難民が周辺の国に移り住むことになった。

大戦前に独立していたエジプトでは、1952年、自由将校団によるエジプト革命が起こった。このたち政権をにぎったナセルは、1956年、**スエズ運河の国有化を宣言した**。これに対して、運河に利権をもつイギリスとフランスはエジプトを攻撃し、スエズ戦争となったが、国際世論の非難をあび、エジプトによる国有化を認めた。

このエジプトで、イスラエルからパレスティナを解放する組織、**パレスティナ解放機構（PLO）**が結成された。

2-5-6 アフリカ諸国の独立

アフリカ諸国でも戦後、独立が進んだが、とくに、1960年、いっきょに17か国が独立を果たし、「**アフリカの年**」と呼ばれた。

独立したばかりのアフリカ諸国30か国は、1963年、団結と協力を進めるアフリカ統一機構（OAU）を結成した。1970年代になると、植民地はほとんどなくなったが、部族対立や人種問題、経済の遅れなどで、アフリカは不安定な情勢が続いている。

白人の支配が続いた南アフリカ共和国では、黒人を差別する人種隔離政策（**アパルトヘ**

イト）がとられてきた。しかし、黒人の抵抗や国際世論の批判により、1991年、その政策を定めた法律は廃止された。

2-5-7　アジア=アフリカ会議

1954年、セイロン（今のスリランカ）で開かれたコロンボ会議で、アジア=アフリカ会議の開催が提唱され、同年6月には、中国の周恩来首相とインドのネール首相が会談し、**平和五原則**（領土と主権の尊重、相互不可侵、内政不干渉、平等互恵、平和共存の五原則）を発表した。

これにもとづき、1955年、アジア・アフリカの29か国が、インドネシアのバンドンで**アジア=アフリカ会議（バンドン会議）**を開いた。この会議で、先の平和五原則をもとにした平和十原則が決議され、民族の独立と平和を誓いあった。

この会議をきっかけに、発展途上国は、米ソいずれの陣営にも属さない、非同盟中立の立場をとるようになり、東西の両陣営に対して、**第三世界**と呼ばれた。

2-5-8　中ソの対立と文化大革命

建国後、ソ連から援助を受けて国づくりを進めてきた中国は、ソ連がアメリカと平和共存に向かうと、外交政策で意見が合わなくなった。1960年、ソ連が経済援助をうちきり、技術者を引き上げたことから、両国の対立は決定的になった。

ソ連との対立が激しくなるなか、中国は1966年から、革命精神を国民に強制する**文化大革命（プロレタリア文化大革命）**が始まり、混乱の時代に入った。

約10年の混乱ののち、1976年に毛沢東が死んだのをきっかけに混乱はおさまり、中国は安定の回復に向かった。

2-5-9　ヴェトナム戦争とアメリカ

ヴェトナムでは、1954年、ジュネーブ休戦協定により南北の統一が約束されたが、アメリカは南ヴェトナム政府を支持し、ソ連はヴェトナム民主共和国（北ヴェトナム）を支持して、両国は対立した。

南ヴェトナムでは独裁政権が続き、これに反対する人々は南ヴェトナム解放民族戦線を結成し、ソ連・中国・北ヴェトナムの支援を受けながら、南ヴェトナム政府軍とアメリカ軍を相手に抵抗を続けた。

1965年、アメリカは北ヴェトナムに対して大規模な爆撃（北爆）を始め、また軍隊を南ヴェトナムに送った。ヴェトナムの民衆が多数、死傷したことから、アメリカは国の内外から激しく批判された。

このののちアメリカは、軍事費の増大によって国力が疲弊したため、1973年、ヴェトナム和平協定を結んで介入をやめ、軍隊を撤退させた。

1975年、南ヴェトナム解放民族戦線と北ヴェトナムの軍隊の攻撃によって南ヴェトナム政府は消滅し、ヴェトナムは統一された。

2-5-10　現代のアジア

西アジアでは、1979年、国王の政権がイラン革命で倒され、ホメイニ師の指導によって、イランにイスラム国家が成立した。翌年、隣国イラクのフセイン大統領は、イラン革命に介入しようと攻撃し、イラン-イラク戦争を起こした。

この戦争はどちらも勝つことなく、1988年に終えたが、イラクは、1990年、石油資源をもつクウェートに進攻して、これを併合した。

国際世論はイラクの行為を侵略と断定し、これを受けて翌年、アメリカを中心とする多国籍軍はイラク軍と戦って破り、併合をあきらめさせた（**湾岸戦争**）。

復習しよう

＊できなかったところは、もう一度復習しよう。

問 1　第一次世界大戦の直前、各国の対立が深まっていた半島として正しいものを、次の①〜④のうちから一つ選びなさい。(☞ 2—1—2)

①バルカン半島　　②アラビア半島
③イタリア半島　　④クリミア半島

問 2　第一次世界大戦についての文として正しいものを、次の①〜④のうちから一つ選びなさい。(☞ 2—1—3〜7)

①戦車・爆撃機・核兵器など大量に人を殺せる兵器が初めて登場した。
②アメリカは、イギリス・フランスとともにドイツに宣戦した。
③ドイツは、大西洋で商船を除く艦船への潜水艦攻撃をおこなった。
④ 1917 年に革命が起こったロシアは、ドイツと講和を結んで戦線から離れた。

問 3　世界恐慌の原因となった株式の暴落が起こった場所として正しいものを、次の①〜④のうちから一つ選びなさい。(☞ 2—2—8)

①シカゴの穀物市場　　②ニューヨークのウォール街
③ニューヨークのプラザホテル　　④ワシントンのペンタゴン

問 4　世界恐慌の対策のために、各国がとった政策として正しいものを、次の①〜④のうちから一つ選びなさい。(☞ 2—2—9〜11)

①ドイツは、海外の植民地を自国市場として囲い込むブロック経済を形成した。
②フランスは、全体主義体制をとって、統制と軍事色の強い経済体制をつくりあげた。
③日本は、高度経済成長の政策をとって、重化学工業の育成につとめた。
④アメリカは、公共事業を中心としたニューディール政策で経済の再建をはかった。

問 5　1945 年、連合国の代表が国際連合憲章（United Nations Charter）を採択した会議は、何というか。正しいものを、次の①〜④のうちから一つ選びなさい。(☞ 2—4—1)

①カサブランカ会議　　②サンフランシスコ会議
③ロンドン会議　　③ワシントン会議

問 6　国際連合（国連）の発足についての文として正しいものを、次の①〜④のうちから一つ選びなさい。（☞ 2—4—1）

①発足時の安全保障理事会（Security Council）の常任理事国（permanent member）は、アメリカ・イギリス・イタリア・ドイツ・ソ連であった。
②国際連合を結成する動きは、ソ連を中心として始まった。
③国際連合は、世界の平和と民主主義を守ることを目的として結成された。
④発足時にアメリカとソ連は加盟しなかったが、後に加盟した。

問 7　冷戦についての文として正しいものを、次の①〜④のうちから一つ選びなさい。（☞ 2—4—2、3、6、7）

①冷戦は、1962 年、キューバ危機の回避をきっかけに終った。
②冷戦の期間中、米ソ両陣営の勢力が均衡していて地域紛争はまったく起こらなかった。
③冷戦の期間中、核兵器を使うことがなかったので、かえって核兵器の開発は進まなかった。
④冷戦は、アメリカを中心とする資本主義圏と、ソ連を中心とする社会主義圏の対立であった。

問 8　第二次世界大戦後のアジア・アフリカ諸民族の独立運動についての文として正しいものを、次の①〜④のうちから一つ選びなさい。（☞ 2—5—1〜7、9）

① 1960 年、アフリカの民族独立運動は最高潮に達し、この年だけで 17 か国が独立した。
② 1955 年、インドのデリーでアジア・アフリカ諸国が集まり、平和十原則を採択した。
③アメリカの植民地であったヴェトナムでは、1946 年に独立戦争が始まった。
④インドネシアは、ヴェトナム戦争後、オランダに対する独立戦争に勝利し、独立をはたした。

3-1 日本の歴史のあらまし

3-1-1 日本の古代

それまで、狩り・漁・採集で食料をえる生活をしていた人々は、1万年くらい前から土器をつくって、食料を煮たり、たくわえるようになった。この土器は縄目の文様が特徴で、そのため縄文土器と呼ばれる。この土器を使う生活をいとなんでいた時代を**縄文時代**という。

紀元前3世紀ころになると、九州地方で、文様の少ない実用的な土器（弥生土器）や祭祀用の金属器の使用を特徴とする、稲作を中心とした新しい文化が生まれた。ほどなく稲作は東北地方まで広まり、紀元3世紀ころまでこの文化はさかえた。この時代を**弥生時代**と呼び、この文化を弥生文化という。

弥生時代には、富をたくわえる人があらわれ、身分のちがいも生まれた。そのなかからやがて支配者が登場し、国をつくった。

紀元3世紀ころを境に、国の支配者たちは、土を盛った大きな墓をつくるようになった。これは古墳といい、前方後円墳と呼ばれる巨大な古墳がさかんにつくられた6世紀ころまでを、**古墳時代**と呼ぶ。

3-1-2 朝廷の時代

古墳時代に、近畿地方の豪族たちは連合して、大王（おおきみ）を中心にした大和政権をつくり、6世紀ころまでには関東から九州までの国々を従えた。朝廷と呼ばれる大和政権を中心に、日本の国づくりが進められ、中国と国交をむすび、進んだ国家制度、文化がとりいれられた。

7世紀の末ころには、法律によって国をおさめる制度がととのい、大王（おおきみ）は天皇と呼ばれるようになった。8世紀に入ると、首都の平城京（現在の奈良県奈良市とその周辺）には、多くの仏教寺院が建てられ、歴史書・歌集・詩集がつくられた。平城京に首都がおかれた時代を**奈良時代**という。

8世紀の末に首都は平安京（現在の京都府京都市）に移され、約400年の間貴族文化がさかえた。この時代を**平安時代**というが、しかし地方政治は乱れ、武士が登場することになった。

3-1-3 武士の時代

自分の田や畑を守るために武装した武士たちは、12世紀の末、武士の権利を軽視する朝廷に反抗して、政治権力をうばった。関東の鎌倉（現在の神奈川県鎌倉市）に幕府と呼ばれる政府（鎌倉幕府、武家政権）をつくり、朝廷にかわって日本を支配した。

鎌倉に幕府がおかれていた時代を**鎌倉時代**と呼び、ついで京都に幕府（室町幕府）がおかれていた時代を、**室町時代**と呼ぶ。室町時代には、庶民の地位が向上し、民衆の文化が数多く生まれた。

室町時代の後半になると、幕府は力を失い、地方豪族の大名があい争う**戦国時代**になった。

3-1-4　江戸時代

戦乱は約1世紀の間続いたが、17世紀の初め、最終的に勝利をおさめた徳川氏が、全国の大名を従えて、幕府（徳川政権）を関東の江戸（現在の東京）に開いた（江戸幕府）。

これ以後、徳川氏が幕府の首長・征夷大将軍（略して将軍という）として、日本を支配した約260年間を**江戸時代**という。

この時代は、きわめて安定した時代で、浮世絵や歌舞伎など、世界に誇る文化がさかえたが、身分が固定されるなど封建制度が人々を強くしばりつけていた。また、オランダと中国をのぞく海外の国々との交わりをやめたため、世界の動きから日本がとり残されることになった。

3-2 明治維新

> 日本はどのように開国していったか？
> 新政府はどのように国づくりをしていったか？

3-2-1　鎖国

江戸幕府は17世紀前半以来、オランダと中国（清朝）をのぞく外国との貿易を禁じていた（鎖国）。とくに許されていたオランダとの国交も、きびしい制限がもうけられていたため、日本は世界の動きからとり残されることになった。

19世紀に入ると、イギリス・ロシア・アメリカの貿易船や捕鯨船が、日本の沿岸に近づくようになったが、幕府は外国船を追い払う方針を捨てなかった。

しかし、中国の清朝がイギリスとのアヘン戦争（1840〜42年）で負けたことを知ると、幕府は、薪や水を求める外国船にはあたえる方針に変えた。しかし、鎖国政策をやめ国を開いて外国と交わるよう主張する言動（開国論）をきびしく禁じ、開国をうながすオランダ国王の勧めもこばんだ。

3-2-2　日本の開国

このころ、アメリカは中国に進出していたイギリス・フランスに対抗するため、中国への航路を開こうとしていた。そこで、アメリカ政府は、1853年、ペリー提督の率いる艦隊を、航路の途中にある日本に派遣した。

ペリーの艦隊は東京湾に入って、大統領の手紙を幕府に渡し、軍艦の威力を背景に開国を強く迫った。これに対して、幕府は翌年、開国するかしないか答えると約束したため、ペリーは日本を離れた。

幕府が答えを用意できないうちに、翌年、ペリーの艦隊はふたたび来航した。幕府は、軍艦による威圧に押されて日米和親条約をむすび、2つの港をアメリカに開くことを認めた（開国）。

さらに1858年には、アメリカと日米修好通商条約をむすび、5つの港を貿易港として開くことにした。同じような条約は、オランダ・ロシア・イギリス・フランスともむすばれ、日本の鎖国は完全に終わった。

しかし、各国とむすんだ条約には、外国人の犯罪を裁く権限が日本になかったり、輸入品の関税を日本が決める関税自主権がないなど、日本にきわめて不利な条約であったため（**不平等条約**）、大きな問題を残すことになった。

原綿・海産物その他（1%）

輸出　生糸・まゆ・蚕種（89%）　茶(10%)

綿糸（7%）

輸入　毛織物（44%）　綿織物（36%）　砂糖その他（2%）

艦船・武器（8%）　金属（3%）

1865年の輸出入品の割合

3-2-3　開国の影響

外国とのつきあいに慣れていなかった日本は、急に開国したため大きな混乱におちいった。

開国ののち、国内にイギリス産の安い綿糸や綿織物が輸入されるようになると、国産品が売れなくなるなど、国内の生産者が大きな打撃を受けた。同じように、生糸（絹糸）や茶などが輸出されるようになると、生産が追いつかなくなって、国内で品不足におちいるなど消費者にも混乱をもたらした。

このような混乱から生活必需品の物価が急上昇して、貧しい武士や民衆の生活を圧迫したため、国民の間に不満が高まった。

一方、幕府は開国の問題を前例をやぶって、(政治権力のない）朝廷に報告し、諸大名に相談した。これまで幕府は独裁政治をおこなってきたので、幕府の権威をいちじるしく低下させることになった。

結局、幕府は反対を押しきって開国を決めたため、開国に反対する人々は、幕府が朝廷を軽視して独断で開国したことを非難し、外国勢力を国内から排除するよう強く主張した（**攘夷論**)。

これに対して、幕府は、反対派を力でおさえようと徹底した弾圧をおこなった。このため、開国と弾圧を指導した大老（最高位の行政官）が過激派に暗殺されるという事件が起こった。

3-2-4　倒幕運動（幕府を倒す運動）

外国勢力を力で日本から排除しようとする運動（**攘夷運動**）が、にわかに高まり、有力ないくつかの藩（大名の領国）は外国船に攻撃をしかけた。しかし、いずれも外国船に反撃され、簡単に負けてしまった。

欧米列強との力の差を知った人々は、欧米列強に国を侵略されないためには、古い幕府を倒して、朝廷を中心にして新しい政府をつくるべきだと主張した。

朝廷のある京都では、幕府を守ろうとする勢力と、幕府を倒そうとする勢力が刀を振るって争い、治安はきわめて悪化した。

3-2-5　内戦

有力な藩である薩摩藩と長州藩は同盟をむすび、幕府を倒すための準備を始めた。

1867年、幕府には日本を治める力がないと自覚した最後の将軍・徳川慶喜は、武士が700年の間朝廷から奪いとっていた統治権を、朝廷に返した（**大政奉還**）。

その年の12月、朝廷は、新たに即位した明治天皇が日本を統治すると宣言を出し、徳川氏を中心とする幕府勢力をのぞいた新政府（明治政府）をつくった。

1868年、幕府勢力は、軍隊を新政府のおかれる京都へ進めたが、新政府の軍隊にやぶれ、徳川慶喜は江戸に帰った。新政府軍は軍隊を江戸へ進めて占領し、翌年までにすべての反対勢力を制圧した。

3-2-6　明治維新

新政府は、1869年、天皇の住まいを京都から江戸へ移し、東京と名前をかえて日本の首都とした。

政府は、近代的な中央集権国家をつくるため、まず、大名たちに領地と人民を朝廷に返させ（**版籍奉還**）、1871年には、260の藩からなる封建体制を廃止し、全国を府・県にわけて、政府が府・県の知事を任命した（**廃藩置県**）。

政府は、身分制度を廃止するため、四民平等政策をおしすすめ、異なる身分間の結婚、職業選択・居住・旅行の自由などを認めた。

服装の自由を認めたり、太陽暦を採用するなど、欧米の文明・慣習をとり入れる政策もおしすすめたため、民間でも**文明開化**の名のもと、欧米の建築・風俗・食習慣・新聞・出版などが、ぞくぞくと紹介され、とり入れられていった。

このような近代的な統一国家の成立と、さまざまな分野で進められた一連の改革をまとめて、明治維新という。

3-2-7　富国強兵（国を富ませ、軍隊を強くする政策）

政府は、開国の際にむすんだ不平等条約の改正を、なんども求めたが、欧米諸国はおうじなかった。そこで、日本を欧米列強と肩をならべる強国にかえるため、富国強兵をスローガンにして、さまざまな政策をおし進めた。

まず電信を架設し、鉄道を開通させ、円を単位とする貨幣制度、郵便制度を整備した。また、それまでの米などを租税として納める税制を廃止し、土地制度をかえて租税を金銭で納める制度に改めた（地租改正）。近代的な学校制度（学制）を定め、全国に小学校をもうけて、義務教育としてすべての児童を通わせることにした。

近代的な産業をおこすため、政府は**殖産興業**の政策をとり、製糸工場などの国営の工場（官営工場）を各地につくって、積極的に欧米から進んだ技術・知識をとり入れ、普及につとめた。

さらに、西洋式の軍隊をつくるため、1873年、徴兵令を発して、20歳の男子に身分に関係なく兵士になることを義務づけた（徴兵制度）。

3-2-8　内乱

あいつぐ近代化の政策によって、江戸時代に武士だった士族は、帯刀（刀を持ち歩く）の特権を始めとするさまざまな特権を失い、政府に強い不満をいだいた。

西日本各地であいついで士族の反乱がおこり、なかでも 1877 年に、明治維新の功労者である西郷隆盛が南九州で起こした反乱、**西南戦争**は最大のものであった。

政府は、徴兵制で編成した近代的な軍隊で、この反乱をしずめた。

これ以後、反乱はなくなったが、不満をいだく人々は言論によって政府を攻撃するようになった。

3-3　近代日本の立憲政治と産業革命

近代日本はどのようなことが起こったか？

3-3-1　自由民権運動

政府の専制的な政治に対して、憲法をつくり、国民を政治に参加させ、国会を中心に政治をおこなうべきだという主張が、国民の間で高まった。

1874年、板垣退助は国会開設を求める意見書を政府に提出し、新聞にその内容を明らかにすると、議会政治の実現を目ざす自由民権運動が始まった。

西南戦争ののち、運動はいっそう盛りあがり、全国の運動家たちは国会期成同盟をつくって、早く国会を開くよう強く主張した。

1881年、自由民権運動におされた政府は、「1890年に国会を開く」という約束を発表した。これを受けて、自由党と立憲改進党が結成され、政党政治の実現を目ざして、活動を始めた。

3-3-2　憲法の制定

自由民権運動の高まりのなか、政府は国会の開設と憲法の制定を急いだ。政府は、伊藤博文らをヨーロッパに送って、政治制度や憲法を調べさせた。

伊藤らは、君主の権限が大きいドイツの制度を研究し、帰国すると、その研究をもとに憲法をつくった。

1889年、政府は、天皇が国民に与えるという形で、**大日本帝国憲法**を公布した。この憲法では、天皇が軍隊を統率し、外国との条約を締結するなど、現在の日本国憲法に比べて、天皇がきわめて大きな権限をもっていた。

国会は、帝国議会と呼ばれ、衆議院・貴族院の二院制で、衆議院議員は国民のなかから選挙によって選ばれた。しかし、有権者は裕福な人々に限られ、国民の１％にすぎなかった。

3-3-3　条約の改正

幕府が欧米諸国とむすんだ不平等条約の改正は、大きな外交問題となっていた。なんども改正が試みられたが、欧米列強の反対にあって果たされなかった。

政府は、欧米の風俗や慣習を取り入れる欧化政策をとり、鹿鳴館で西欧風の舞踏会をもよおすなど、日本の近代化ぶりを欧米諸国に示した。

このころ、ロシアの東アジア進出に不安をいだいたイギリスが、日本に接近したため、政府はイギリスと交渉をかさね、1894年、新しい条約をむすんで一部の条約改正に成功した。

このあと、外相の小村寿太郎の努力により、1911年、ついに欧米諸国との不平等条約の完全な改正が実現した。

3-3-4 日清戦争

朝鮮半島に勢力を広げようとする日本は、朝鮮を属国とみなす中国の清朝と対立した。1894年、農民の反乱が起こったのをきっかけに、中国と日本は朝鮮に軍隊を送り、日清戦争が始まった。戦争は朝鮮と南満州（中国東北部の南部）でおこなわれ、近代化におくれた中国軍に日本軍が勝った。

日本の下関で講和会議がひらかれ、講和条約（**下関条約**）によって中国は台湾などを日本にゆずり渡した。

しかし、ロシア・ドイツ・フランスの3か国は、日本の大陸進出を警戒し、得た領土の一部を中国に返すよう日本に要求した（**三国干渉**）。しかたなく日本はこれを受け入れた。

3-3-5 日露戦争

ロシアの東アジア進出に不安をいだいたイギリスは、日本と同盟（**日英同盟**）をむすび、ロシアを牽制した。しかし、ロシアの進出はとまらず、ついに1904年、韓国（1897年、国名を朝鮮から改名）へ進出をはかるロシア軍に日本軍が攻撃し、日露戦争が始まった。

日本海海戦で日本海軍はロシアの艦隊をやぶるなどしたが、日本は財政難におちいり、一方ロシアも革命運動が起こって、それぞれ戦争を続けるゆとりがなくなった。

日本を支持していたアメリカ大統領が講和をあっせんし、ポーツマスで講和会議が開かれた。1905年、日露講和条約（日本-ロシア講和条約、**ポーツマス条約**ともいう）がむすばれ、ロシアは韓国の支配権などを日本に認めた。

このあと、日本は韓国の外交・内政の実権をうばい、1910年には韓国を併合して日本の一部とし、36年にわたる植民地支配を始めた（**韓国併合**）。

3-3-6 日本の産業革命

1880年代後半になると、製糸業と綿糸紡績業を中心に、日本の産業は急速に発展した。大規模な工場があいついで建てられ、蒸気機関で動く機械を使って大量生産がおこなわれ、韓国や中国に輸出されるようになった。

日清戦争後の10年間に、日本の会社数や資本金はいちじるしく増え、海外貿易でも、綿糸の輸出高が輸入高をうわまわって、日本は綿糸の輸出国になった。

こうして日本でも、軽工業を中心に産業革命が達成され、資本主義が確立することになった。

機械工業・鉄鋼業などの重工業は立ちおくれていたが、政府は、日清戦争により中国からえた賠償金の一部をあてて、九州の福岡県に官営(国営)の八幡製鉄所を設立した。

これによって、大量の鉄鋼が生産されるようになり、日露戦争後には、鉄鋼や造船などの部門を中心に重工業が大きく発達した。

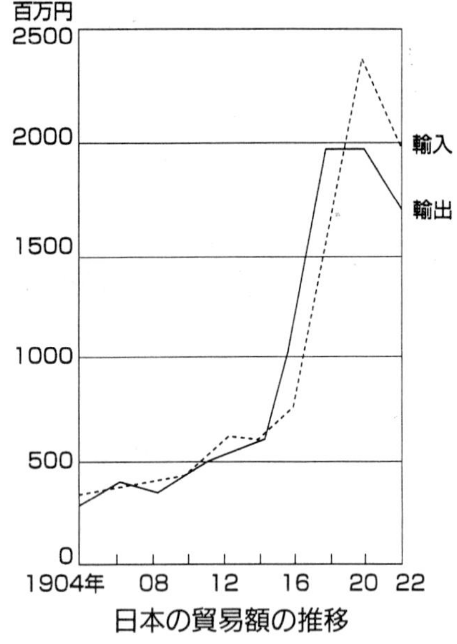

日本の貿易額の推移

3-3-7 資本主義の発達と社会主義運動

重工業の発達にもかかわらず、工業の中心はいぜんとして繊維工業などの軽工業であった。生糸生産では中国を抜いて世界第1位となり、農村では養蚕がますますさかんになった。また、このころになると、大企業による産業の独占が強まった。

工業化が進むにつれて、工場や鉱山で働く労働者が増えたが、その労働条件は過酷であった。日清戦争後にはあいついで労働組合がつくられ、労働争議も起こるようになったが、政府は労働争議を取り締まり、社会主義運動をきびしく弾圧するようになった。

また、足尾銅山の鉱毒問題など、公害問題が大きな社会問題となったのは、この時期からである。

3-3-8 護憲運動と政党政治

1912年、陸軍の軍備拡張をおさえようとした内閣が倒れ、かわって軍人が首相となって内閣をつくった。政党政治家や言論人は、これを立憲政治に反したやりかただとして、内閣打倒の運動を起こした(第一次憲政擁護運動／第一次護憲運動)。このため、非民主的な内閣は3か月で倒れた。

第一次世界大戦直後の1918年、米の値段が急に高くなり、米商店や精米所を民衆がおそう**米騒動**が全国各地に広がった。2か月近く続いた騒動が軍隊の出動などでおさまると、政党の指導者で衆議院議員の原敬が首相となり、本格的な政党内閣をつくって政党政治を進めることになった。

このころ、世界的な民主主義の高まりを受けて、日本でも社会運動がさかんになった。労働争議がしばしば起こり、1920年には最初のメーデーもおこなわれた。

3-3-9 大正デモクラシー

第一次護憲運動をきっかけに、政党政治が発展した大正時代(大正天皇の在位した時代、1911～1924年)は、大正デモクラシーと呼ばれる自由主義の風潮が高まり、民主主義が広くとなえられた。

なかでも、政治学者の吉野作造は、「民衆の利益や幸福のため、民意に基づいた政治を進めなければならない。これが民本主義である」と説いた。

1920年代に入ると、普通選挙の実現を求める運動（普選運動）は、民衆運動として高まった。1924年、護憲派（立憲政治を支持する派）の政党による連立内閣がつくられ、これ以後、議会政治が定着した。

1925年には、普通選挙制度が実現し、25歳以上のすべての男子に選挙権があたえられた。しかし、婦人には参政権が認められなかった。政府は、同じ年、治安維持法を制定して、自由主義運動家や社会主義政党の活動をきびしく制限した。

このころの政府はアメリカなどと国際協調の外交を進め、軍縮を実行するなど、安定した政治がおこなわれた。

3-3-10　世界恐慌と軍国主義

第一次世界大戦中、好景気にわいた日本経済は、大戦後、長い不景気（不況）におちいった。1929年にアメリカで始まった世界恐慌の影響で、日本の不況はいっそう深刻になった。国民の不満は高まり、解決策のみつからない日本の経済・社会はゆきづまり、ますます混乱した。

日本はこのゆきづまりを、東アジア各国を侵略することで解決しようと軍国主義の道をとり、議会政治は形だけのものとなった。こうして、ドイツ・イタリアと同盟した日本は、第二次世界大戦に参戦し、破局をむかえることになった。

3-4 戦後改革

第二次世界大戦後、日本はどのような改革をおこなったか？

3-4-1 アメリカの日本占領

1945年8月、日本が降伏すると、アメリカ軍を中心とする連合軍は日本を占領した。

これより前、アメリカは、日本がふたたび民主主義世界に対して敵対することのないように、日本の非軍事化と民主化を実現する政策を定めていた。

マッカーサーを最高司令官とする**連合国総司令部（ＧＨＱ）**は、それに基づき、日本政府に指令を出して、政治・経済・教育・文化のあらゆる分野の改革を進めさせた。それとともに、戦争を指導した軍人や政治家を**極東国際軍事裁判**（東京裁判）にかけて、戦争犯罪人として裁き、処罰した。

3-4-2 民主化政策の進展

ＧＨＱは、まず五大改革の指令を出し、①女性の解放、②労働者団結権の保障、③教育の民主化、④秘密警察制度の廃止、⑤経済機構の民主化をおし進めるよう求めた。

政府はこの指令を受けて、政治犯を釈放し、陸軍・海軍を解体し、戦争犯罪容疑者を逮捕した。1946年1月には、天皇は神の子孫ではないとする「人間宣言」を出した。

経済の民主化をめざす改革では、財閥の解体と農地改革がおこなわれた。**財閥解体**では、15の財閥が解体され、財閥の復活を防ぐため独占禁止法が制定された。

農地改革では、政府が、地主から一定以上所有する耕地を買い上げて、小作人（農地を借りて耕作する農民）に売り渡した。これによって自作農（自分の土地を所有し耕作する農民）が大幅にふえ、地主・小作人の封建的な関係がなくなって農村の民主化が進んだ。

教育の改革では、軍国主義や天皇中心の考え方は捨てられ、それまでの教育勅語も廃止されて、1947年、民主的な教育基本法が制定された。義務教育の年限も9年に伸ばされ、6・3制（小学6年、中学3年）と男女共学が実施された。

3-4-3 日本国憲法

ＧＨＱは、日本政府に対して憲法の改正を指令した。ＧＨＱは、提出された政府の憲法草案を認めず、独自に草案をつくって政府に渡した。これをもとに政府がつくった憲法草案が国会で審議され、日本国憲法が制定された。1946年11月に公布され、1947年5月から施行された。

日本国憲法では、**国民主権・基本的人権の尊重・戦争放棄の三原則**がかかげられた。

とくに、天皇は統治者から国民統合の象徴へと改められた。国権の最高機関は国会と定められ、内閣もそれまでの天皇にではなく、国会に対して責任を負うことが定められた。

新憲法と同時に地方自治法が施行されて、都道府県知事や地方公共団体の首長は、住民の直接選挙で選ばれることになった。

民法も改正され、封建的な家族制度などが廃止されて、財産の均等相続制、男女の同権と夫婦中心の家族のありかたが定められた。

3-4-4　社会運動と政党の復活

戦後の混乱のなか、労働運動や農民運動などが活発になった。ＧＨＱは労働運動を育てる方針をとっていたので、労働組合法・労働基準法などが制定され、労働組合の結成がにわかに増えた。

一方、政党の再建が進み、社会主義政党などがあいついで結成された。選挙法が改正されて普通選挙が定められ、20歳以上の成年男女に平等に選挙権があたえられた。

1947年4月、新憲法のもとで初めての総選挙（衆議院議員選挙）がおこなわれ、日本社会党が第一党になって、片山哲を首相とする連立内閣が成立した。

3-4-5　経済安定化政策

戦後、日本の国土は荒廃し、生産力も大幅に低下していた。このため、経済混乱が進み、失業者が大きく増えた。さらに、政府が多額の紙幣を発行したため、インフレーションが急速に進むことになった。政府はさまざまな対策をとったが、経済混乱はおさまらず、インフレは悪化し続けた。

アメリカは、日本経済を安定させるため経済安定九原則を示し、1949年、その実施のため特別公使ドッジとシャウプを送った。ドッジはドッジ・ラインにもとづいて財政の安定策をおし進め、シャウプは税制改革を指導した。また、日本経済を国際経済にむすびつけるために、1ドル360円の単一為替レートが設定された。

これによってインフレはおさえられ、日本経済再建の基礎が固められた。まもなく日本経済は力強く立ちなおることになった。

3-5 経済成長

日本はどうして高度経済成長を続けることができたのか？

3-5-1 占領政策の変化

戦後の経済混乱のなかで、労働運動は激しさを増していった。米ソの対立を受けて、ＧＨＱはこの運動によって日本が共産主義化（ソ連と同じ社会主義体制の国になること）することをおそれ、日本の民主的改革より、経済を復興させる政策を優先させるようになった。

1950 年、朝鮮戦争が始まると、アメリカは日本を共産主義に対する防波堤にしようと、占領政策を大きく変えた。

3-5-2 朝鮮戦争

日本のアメリカ軍基地は、朝鮮へ出動するアメリカ軍を中心とする国連軍の基地となり、大量の軍需物資が日本に注文された（特需）。これは、日本の経済を活気づかせ、経済の復興を早めた。

ＧＨＱは、共産党の活動を制限して、公職から共産主義者とみなされた者を追放し（レッドパージ）、その一方で、戦争指導者として公職から追放されていた政治家・軍人・財界人の追放を解除した。

また、日本に駐留していたアメリカ軍が朝鮮に出動して国内の防衛力が弱くなったため、日本に（のちに自衛隊に発展する）警察予備隊をつくらせた。

3-5-3 日本の独立

アメリカは、米ソの対立が激しくなるにしたがい、日本を自由主義陣営の一員として自立させ、その協力を求めるようになった。

アメリカとイギリスは日本との講和条約の案をつくり、1951 年、サンフランシスコで講和会議を開いた。日本はアメリカなど 48 か国とサンフランシスコ平和条約に調印し、翌年、占領政治から解放されて独立国家として自立した。

調印と同じ日、日本はアメリカと日米安全保障条約をむすび、それまでの占領軍であったアメリカ軍が、日本の安全を保障するため日本に駐留し続けることになった。

1956 年にはソ連と国交を回復し、また国連の加盟も認められ、日本は国際社会に復帰することができた。

3-5-4　経済復興

朝鮮戦争による特需は、停滞していた日本経済をうわむかせ、復興のきっかけとなった。1950年代、政府は、積極的に鉄鋼・造船・電力など経済の中心となる産業へ多くの資金を投資したため、とくに重化学工業が急速に発展した。

1955年ころには、ほぼ第二次世界大戦前の生産水準に達し、国民の生活は急速に回復した。とくに造船業は1956年に、建造高で世界第1位となった。

3-5-5　55年体制

戦後、長く政権を担当した吉田茂内閣は、政府・自由党幹部がかかわった汚職事件でゆきづまり、人気が低下した。財界（大企業を中心とする勢力）は、強力な保守政党の成立を望み、それを受けて1955年、自由党と日本民主党が合同して、自由民主党を結成した。

一方その年、左派・右派に分裂していた日本社会党も再統一されて、自由民主党の保守勢力と日本社会党を始めとする革新勢力が対抗する、「55年体制」と呼ばれる政治状況が生まれた。

しかし、政権は長く自由民主党がおもに担当し、日本社会党が政権に参加することは、1990年代までなかった。

3-5-6　高度経済成長

日本の経済は、1960年代に入っても成長を続けた。池田勇人内閣は、所得倍増計画をかかげ、高度経済成長政策をおし進めた。

産業界では技術革新が進み、重化学工業への投資もいっそう増え、また、国際競争力の強化をはかるため、企業の合併など再編成も進んだ。

この間、世界的に石炭から石油へのエネルギー革命が起こり、日本も石炭から石油へ乗りかえた。このため、安価な石油に支えられて、日本はいっそう経済成長政策を進めやすくなった。

1964年のオリンピック東京大会以後は、輸出の好調に支えられて貿易収支は黒字を続け、また1965年から70年まで、いざなぎ景気と呼ばれる戦後最長57か月の好景気が続いた。

このため、日本の国民総生産は、フランス・イギリス・ドイツを追い越して、1968年に、アメリカにつぐ資本主義国で第2位の経済大国となった。

産業構造も大きく変わり、産業別の就業者数・生産額の比率では、1950年代に第二次産業・第三次産業が第一次産業を上回った。また、重化学工業が全工業生産額の3分の2を占めるようになった。

3-5-7　高度成長の要因

日本の企業は、自己資本が少ないため、銀行からの借入金（間接金融）によって設備投資の資金をまかなった。これを支えたのは、国民の貯蓄好きの気質であった。

また、政府は道路・鉄道・港湾など、産業関連の社会資本に対する公共投資をあいついで増やすなど、経済成長優先施策をおし進め、また、この公共投資自体による景気の刺激も経済成長を大きくうながした。

平和主義憲法により、防衛費を圧縮できた分、産業界の生産力増大のための財政支出に集中できたことも、高度経済成長が可能となった大きな要因である。

3-6 公害問題

経済成長の中でどんな問題が生まれたか？

3-6-1 国民生活の変化

経済の高度成長が進むにつれて、国民の生活もいちじるしく向上した。1960年代に入ると、冷蔵庫・洗濯機・掃除機・テレビなどの家庭電化製品や、自家用車が普及するなど消費革命が進み、また都市には高層の住宅団地がつくられ、核家族化が進むなど、生活様式は大きく変わった。

また、新幹線や高速道路がさかんにつくられ、1964年のオリンピック東京大会、1970年の大阪万国博覧会などの国際行事もあいつぎ、日本全体に活気がみなぎった。

1973年、第四次中東戦争が始まったのをきっかけに、**石油ショック**が発生し、石油価格が高騰した。このため、日本の経済成長率が初めてマイナスを記録するなど、経済が混乱した。

しかし、ほどなく混乱を脱し、日本経済はエレクトロニクス技術を利用した工業製品や自動車などで、輸出の国際競争力を増していった。とくに、1980年代には、自動車生産台数でアメリカをぬいて、一時期、世界一の自動車生産国となった。

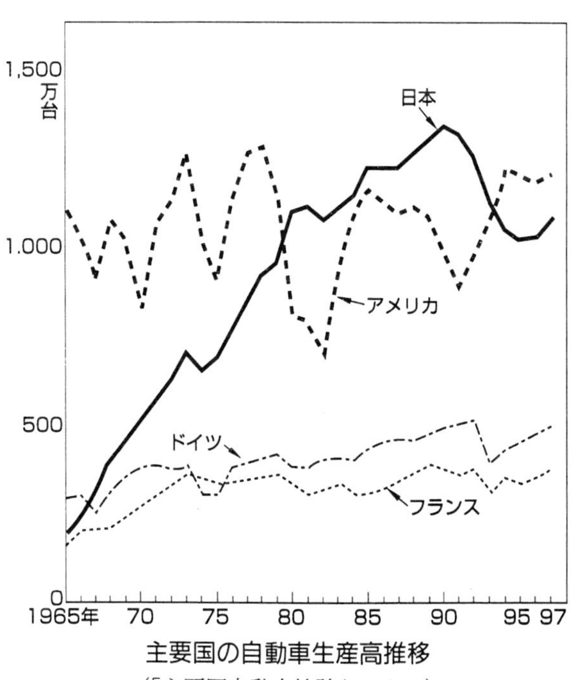

主要国の自動車生産高推移

（「主要国自動車統計」による）

3-6-2 高度経済成長の矛盾

1960年代、高度経済成長は国の政策となって、世界的にもっとも急速な経済成長が実現された。

しかし、経済成長優先の政策は、国の内外にさまざまな問題を生んだ。

石油ショック後の日本経済は、欧米諸国への輸出を増大させることで回復したが、そのため貿易摩擦が深刻になった。とくにアメリカとの間では、鉄鋼や自動車、半導体製品など、さまざまな分野にわたって輸入の制限がとり決められた。

国内では、都市の過密化と農村の過疎化、公害の発生など、深刻な問題が表面化した。さらに、急成長をとげた日本的な経営が世界的に注目される一方、長時間労働や過労死（働きすぎて体をこわし死亡すること）の問題など、生活文化の面で国際的な批判を受けるようになった。

3-6-3　公害の発生

政府は国民生活の向上より経済成長優先の政策をとってきたため、人口の都市集中によって、大気汚染・住宅難・交通難・騒音・ゴミ・水質汚濁などの都市問題が生じ、農村では人口が減って過疎化が進んだ。

政府や企業は、生産・利益を優先にした考えにたって、工業の廃棄物の処理に無関心であったため、川・海・大地・大気が有害物質で汚染され、日本各地で住民の生命と健康がおびやかされるようになった。自動車の排出ガスや食品・洗剤・薬品による公害も深刻になり、各地で公害反対の住民運動が広がった。

とくに、水銀中毒の**水俣病**、同じ水銀中毒の**新潟水俣病**、**四日市のぜんそく**、富山の**イタイイタイ病**はきわめて深刻で、四大公害と呼ばれ、全国で公害を訴える裁判があいついだ。しかし、企業は、工場排出物と病気との関係を認めず、生産を続けたので被害を拡大させた。

また、ダム建設やリゾート開発による森林破壊など、環境破壊をもたらす大規模な開発の停止を求める住民運動も、全国に広がるようになった。

1967年、環境保護と公害防止をうったえる世論の高まりを受けて、政府は公害対策基本法を制定し、1971年には環境庁を設立するなど、環境保護と公害防止を重視するようになった。

近年、半導体産業などハイテク産業では、ハイテク汚染や毒性の強いダイオキシンも新たな環境汚染物質として問題になっている。

3-6-4　バブル経済の崩壊

大きな貿易黒字によって生じた余剰資金などで、多くの企業は、土地や株式を買った。この動きがブームとなり、地価と株価が上昇し続け、1980年代の末ころにはバブル経済と呼ばれる好景気になった。一方政府は、政府開発援助（ＯＤＡ）を拡充し、発展途上国への援助を増やした。このため、韓国・台湾・香港・シンガポールなどのアジア諸国は、1970年代から急速に経済発展をとげた。

しかし、1991年に入ると日本経済はゆきづまり、不況へと転じた（バブル経済の崩壊）。この不況は長引き、とくに地価の暴落は金融界に深刻な影響をあたえ、社会的な混乱を生じている。また、生産の低コスト化を目ざして、多くの企業は生産拠点の海外移転を進めたため、国内**産業の空洞化**が進み、大きな問題となっている。

復習しよう

＊できなかったところは、もう一度復習しよう。

問1 明治維新（Meiji Restoration）についての文として正しいものを、次の①〜④のうちから一つ選びなさい。（☞ 3—2—5、6、7）

①江戸幕府の首脳は新政府をつくって、さまざまな近代化政策をおし進めた。
②新政府は、江戸幕府と力を合わせて、さまざまな近代化政策をおし進めた。
③新政府は、江戸幕府を倒して首都を東京に移し、さまざまな近代化政策をおし進めた。
④新政府は、欧米人を政府の首脳に迎えて、さまざまな近代化政策をおし進めた。

問2 明治新政府は、近代化のためどのような政策をとったか。正しいものを、次の①〜④のうちから一つ選びなさい。（☞ 3—2—7）

①政府は、国の資金で各地に工場をつくって産業をおこし、普及につとめた。
②政府は、欧米の企業に頼んで各地に産業をおこしてもらい、普及につとめた。
③政府は、全国に小学校をつくり、欧米人の教師を大量に雇って教師とした。
④政府は、欧米の資金を大量に借りて、鉄道・電信・郵便制度などを整備した。

問3 日清戦争から日露戦争にかけて日本の産業界で起こったことは何か。正しいものを、①〜④のうちから一つ選びなさい。（☞ 3—3—6）

①高度経済成長　②大戦景気　③特需景気　④産業革命

問4 大正デモクラシーの説明として正しいものを、次の①〜④のうちから一つ選びなさい。（☞ 3—3—9）

①第一次世界大戦の直前、労働運動がもりあがり社会主義が広くとなえられた。
②第一次世界大戦後、普通選挙を求める運動が高まり、民主主義が広くとなえられた。
③大日本帝国憲法の公布を受けて政党政治の機運が高まり、民主政治が広くとなえられた。
④世界恐慌による不況で社会不安が高まり、政治と経済の改革が広くとなえられた。

問 5 政府は、世界恐慌による不況に対してどのような対策をとったか。正しいものを、次の①〜④のうちから一つ選びなさい。(☞ 3—3—10)

①大規模な公共事業を行って、大量の失業者に仕事を与えた。
②軍の主導のもと全体主義の国家をつくり、海外に軍事進出した。
③東アジア諸国と共に、欧米に閉ざされた経済ブロックを結成した。
④計画経済を取り入れ、5か年計画を立てて産業の立てなおしをはかった。

問 6 第二次世界大戦後、日本を占領・統治したGHQ (General Head Quarters) の政策として正しいものを、次の①〜④のうちから一つ選びなさい。(☞ 3—4—1〜3)

①日本政府に軍隊を解体させ、また民主的な憲法を制定させた。
②日本を自由主義陣営に組み込むため、政府に軍隊の民主的な改革を命じた。
③政府に命じてナチス・ドイツに宣戦させ、ドイツとの戦争に勝利した。
④財閥や地主制の復活をはかり、高度経済成長のきっかけをつくった。

問 7 日本の高度経済成長の説明として正しいものを、次の①〜④のうちから一つ選びなさい。(☞ 3—5—4、6、7、3—6—1、2)

①朝鮮戦争の特需をきっかけに、日本経済の高度成長は終わった。
②ヴェトナム戦争の特需をきっかけに、日本経済は高度成長を始めた。
③高度経済成長は、1973年の石油危機（石油ショック）までの約20年間、続いた。
④高度経済成長は、1990年代の初めまで30年以上もの間、続いた。

問 8 高度経済成長の中で発生した公害についての文として正しいものを、次の①〜④のうちから一つ選びなさい。(☞ 3—6—3)

①政府は、生産本位・利益本位の政策をとり、廃棄物の処理に無関心だったため各地で公害が発生した。
②政府は、欧米の公害対策をみならって公害の予防をはかりながら、高度成長政策をとった。
③イタイイタイ病など四大公害があいついで発生すると、政府は深刻な問題ととらえ、すぐさま解決した。
④公害は、大きな工場が集中する大都市にだけ発生し、地方には広まらなかった。

総まとめ

そうまとめ

総まとめ第1回

問1 太郎と花子が話し合っています。これを読んで、下の設問(a)〜(d)に答えなさい。

花子：きのうのテレビで見たけど、世界には飢えている人がいっぱいいるのね。
太郎：低所得の発展途上国(1)は、貧困と飢えの悪循環におちいっているんだ。
花子：うまい解決の方法はないの？
太郎：様々なことが実行されている(2)けど、今のペースで人口増加が進むと、やがて世界は深刻な食料不足におちいりそうなんだ。日本の状況は逆だ(3)というのにね。
花子：そうね。でも私たちの老後の問題を考えると、日本もこれから大変な時代を迎えようとしている(4)のよね。

(a) 下線部(1)について、低所得の発展途上国における深刻な人口問題として正しいものを、次の①〜④のうちから一つ選びなさい。

①人口爆発　②人口高齢化　③人口集中　④人口移動

(b) 下線部(2)について、人口増加を抑えるためとられている方法として最も適切なものを、次の①〜④のうちから一つ選びなさい。

①伝染病を防ぐために医療や衛生状態を改善すること。
②先進国であまった食料を大量にあたえること。
③多産を防ぐために女性の社会的地位を向上させること。
④食料の豊かな国へ移住させること。

(c) 下線部(3)についての文として正しいものを、次の①〜④のうちから一つ選びなさい。

①人口は減り続けているが、食べ物は国内で自給できない。
②食べ物は豊富にあるが、人口が20年後には再び急増する。
③これからも人口は増え続けるが、まったく食料には心配がない。
④食べ物は豊富にあるが、人口の減少が予想される。

(d) 下線部(4)に関連して、日本の将来についての説明として最も適切なものを、次の①

～④のうちから一つ選びなさい。

①少子化がいっそう進んで高齢者を支える人口が減り、介護など高齢者福祉の質が低下する。
②日本も人口が増えているので、将来、食べ物を手に入れることが難しくなる。
③ぜいたくに慣れた日本人はつらい労働を嫌うようになり、そのため介護など老後の世話をしてくれる人がいなくなる。
④日本の人口は急激に減少しているため、やがて経済はいちじるしく衰え、豊かな生活ができなくなる。

問 2　下の表は、近代工業の発展段階についてまとめたものである。それを見て、下の設問(a)、(b)に答えなさい。

	第 1 段階	第 2 段階	第 3 段階
技術革新が始まった時期	18 世紀後半	19 世紀後半	20 世紀半ば
代表的工業	綿工業 鉄鋼業	化学工業 自動車工業	電子部品工業 航空機工業
重要な立地条件	原料・燃料	市場・港湾	A
先進地域	イギリス	ドイツ アメリカ合衆国	アメリカ合衆国

(a)　綿工業を中心とする産業革命がイギリスで始まった理由の一つとして正しいものを、次の①～④のうちから一つ選びなさい。

①原料の綿花が、すでに北アメリカ大陸や中国から輸入されていた。
②北海（North Sea）で蒸気機関の燃料となる原油が産出された。
③工場に労働者を集めた工場制手工業が、すでにさかんであった。
④気候が大変に乾燥していて、綿糸が切れにくかった。

(b)　空欄 A に入る最も適切なものを、次の①～④のうちから一つ選びなさい。

①高速道路・通信網　　②通信網・放送局
③空港・鉄道　　④高速道路・鉄道

問 3　近代市民革命で実現した民主政治について、下の設問(a)、(b)に答えなさい。

(a)　18 世紀末の文書で、「人は、自由かつ権利において平等なものとして出生し、かつ生存する……」と書かれているものはどれか。正しいものを、次の①〜④のうちから一つ選びなさい。

①権利章典　　②アメリカ合衆国憲法
③ワイマール憲法　　④フランス人権宣言

(b)「人民の、人民による、人民のための政治」ということばで有名なゲティスバーグの演説をしたのはだれか。正しい人名を、次の①〜④のうちから一つ選びなさい。

①ワシントン　②ウィルソン　③ケネディ　④リンカーン

問 4　人種・民族・言語などの壁をこえて広がった 3 つの世界宗教の組み合わせとして正しいものを、次の①〜④のうちから一つ選びなさい。

①道教・イスラム教・キリスト教
②仏教・イスラム教・キリスト教
③イスラム教・ヒンドゥー教・キリスト教
④ユダヤ教・キリスト教・イスラム教

問 5　次の表は、アジアの 10 か国・地域を、平均経済成長率の高い順に並べたものである。この表を見て、下の設問(a)、(b)に答えなさい。

各国・地域の経済成長率(rate of economic growth)(%)

国・地域名	1970	1980	1990	1995	1996	1997	平均
シンガポール	13.7	9.7	9.0	8.8	7.0	-	9.6
マレーシア	-	7.4	9.7	9.5	8.6	7.8	8.6
A	-	7.8	3.8	10.5	9.5	8.8	8.1
インドネシア	7.5	9.9	7.2	8.2	8.0	4.6	7.6
台湾	11.3	7.1	5.5	5.9	5.4	6.4	6.9
B	10.5	4.8	11.2	8.8	5.5	-0.4	6.7
C	8.8	-2.2	9.5	8.9	7.1	5.5	6.3
香港	9.4	10.4	3.4	3.9	5.0	5.3	6.2
フィリピン	4.6	5.2	3.0	4.8	5.8	9.7	5.5
日本	8.2	2.6	5.5	3.0	4.4	-0.4	3.9
世界平均	3.4	2.6	2.9	3.5	3.9	-	3.3

(a) 1997年にBの成長率はマイナスになった。その理由として正しいものを、次の①〜④のうちから一つ選びなさい。

①2年続いた自然災害により、第一次産業が大きな被害を受けた。
②石油危機によって、物価が急上昇し、経済が混乱した。
③通貨が切り下げられて、通貨不安がおこった。
④隣国との国境をめぐる激しい戦争がおこった。

(b) 表の中の空欄A、B、Cには、中国、タイ、韓国のいずれかの国名が入る。その国名の組み合わせとして正しいものを、次の①〜④のうちから一つ選びなさい。

	A	B	C
①	中国	韓国	タイ
②	中国	タイ	韓国
③	タイ	中国	韓国
④	韓国	タイ	中国

問6 次の文(a)〜(c)は、先進工業国と発展途上国の経済協力体制を支える国際機関を説明したものである。(a)〜(c)のそれぞれの機関の略称として正しいものを、下の①〜⑥のうちからそれぞれ一つずつ選びなさい。

(a) 先進工業国が中心となって設立し、経済成長と世界貿易の拡大を目的とする。
(b) 南北対話の場としても機能し、おもに途上国側から特恵貿易と援助改善の要求を先進工業国側におこなう。
(c) 第二次世界大戦後すぐに設立され、現在ではおもに途上国の開発のために長期資金を融資する。

①NATO　②UNCTAD　③OECD
④IMF　⑤IBRD　⑥GATT

問7 普通選挙の普及についての文として正しいものを、次の①〜④のうちから一つ選びなさい。

①普通選挙は、まず19世紀前半のイギリスで実現し、その後、各国に普及した。
②普通選挙は、まず1919年ドイツで実現し、ついでアメリカ合衆国、イギリスへ普及した。

③普通選挙は、まず1848年フランスとスイスで実現し、その後、各国に普及した。
④普通選挙は、まず1870年アメリカ合衆国で実現し、その後、ヨーロッパに普及した。

問 8 日本の都市問題についての文として最も適切なものを、次の①～④のうちから一つ選びなさい。

①急速な高齢化が進んでいるため、高齢者向けの住宅都市が各地に建設されている。
②大都市の周辺では、市街地の無計画な拡大によってスプロール現象がみられる。
③首都機能の地方への分散が進み、東京への一極集中が解消された。
④東京・大阪・名古屋の三大都市圏では、現在、大規模な工業用地がつくられている。

問 9 日本の石炭産業について述べた文として正しいものを、次の①～④のうちから一つ選びなさい。

①日本の石炭は生産コストが高く、そのため安い石炭の輸入が増えている。
②現在でも高品質な石炭の生産は多く、輸出が増えている。
③北海道には生産コストの低い炭田があり、現在でもさかんに生産されている。
④日本の石炭は製鉄に適しており、そのため生産量が増えている。

問 10 次のグラフは、日本の輸出品目別構成の推移を示したものである。このグラフを見て、下の設問(a)、(b)に答えなさい。

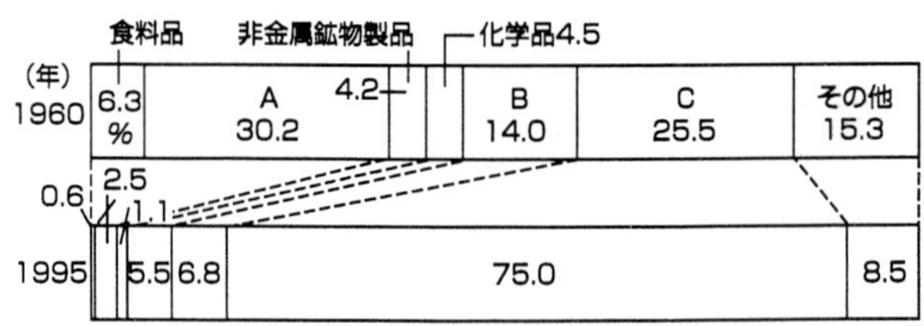

(a) グラフの[A]～[C]にあてはまる品目の組み合わせとして正しいものを、次の①～④のうちから一つ選びなさい。

	①	②	③	④
A	機械機器	繊維製品	金属品	機械機器
B	繊維製品	金属品	機械機器	金属品
C	金属品	機械機器	繊維製品	繊維製品

(b) アメリカとの貿易摩擦に日本がとった最も多い対応として正しいものを、次の①～④のうちから一つ選びなさい。

①輸出の自主規制をおこなった。
② GATT へ提訴した。
③アメリカ本土での現地生産から撤退した。
④スーパー 301 条を発動した。

問 11　国際連合（国連、United Nations）について、下の設問(a)、(b)に答えなさい。

(a) 国連総会についての文として正しいものを、次の①～④のうちから一つ選びなさい。

①議決は全会一致の原則で採択される。
②五大国のうちの１国でも反対すると、決議は否決される。
③議決は多数決で採択される。
④加盟国は、除名されない限り投票権を失うことはない。

(b) 安全保障理事会についての文として正しいものを、次の①～④のうちから一つ選びなさい。

①理事会の議決は、全会一致の原則で採択される。
②常任理事国（permanent members of Council）は、アメリカ合衆国、イギリス、ドイツ、フランス、中国の５か国である。
③理事会での五大国の拒否権は、総会の決議で制限される。
④理事会で五大国が一致できなかったため、国連憲章に基づいた国連軍は一度も発動したことがない。

問 12　高度経済成長期における日本の経済スタイルとしてあてはまるものを、次の①～④のうちから一つ選びなさい。

①資源リサイクル型の経済　　②多品種・少量生産型の経済
③大量生産・大量消費型の経済　　④省資源・省エネルギー型の経済

問 13　日本の総人口に占める有権者の割合は、下の図が示すように、1890 年に最初の総選挙（a general election）が行われて以来、増大してきている。しかし逆に投票率は、下がり続けている。下の設問(a)、(b)に答えなさい。

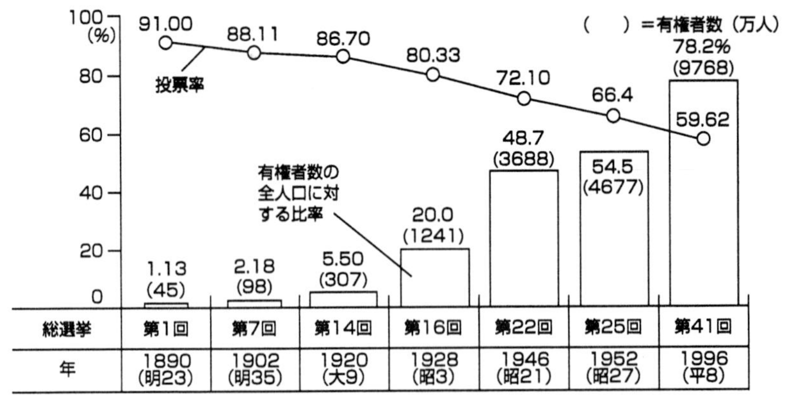

(a)　総人口に占める有権者の比率が、1946年に著しく増えた理由として正しいものを、次の①〜④のうちから一つ選びなさい。

①女性にも選挙権を与えたから。
②日本が戦争に敗れ、海外にいた有権者が帰国したから。
③18歳以上のすべての男女に選挙権を与えたから。
④成年男子全員に選挙権を与えたから。

(b)　投票率が下がり続けている理由として正しいものを、次の①〜④のうちから一つ選びなさい。

①有権者数が増えているから。
②政治に無関心な有権者が増えているから。
③衆議院議員の定数が増やされているから。
④死票が少なくなるように選挙制度を改め続けているから。

問14　発展途上国で食糧不足による飢餓問題が発生しやすい理由の一つとして最も適切なものを、次の①〜④のうちから一つ選びなさい。

①観光産業を育てるため、森林の乱伐やゆきすぎた開発をした。
②植民地時代からの先進国向けの一次産品供給が中心の経済だった。
③工業化の推進のために農地を工場用地にかえていった。
④農産物を先進国へ売るため、食糧自給率がいちじるしく低下した。

問15　日本国憲法に定められた日本国民の三大義務として正しいものを、次の①〜④のうちから一つ選びなさい。

①納税の義務・兵役の義務・子どもに教育を受けさせる義務
②勤労の義務・納税の義務・投票の義務
③納税の義務・投票の義務・兵役の義務
④納税の義務・勤労の義務・子どもに教育を受けさせる義務

問 16　世界の多くの国は大統領制を採用している。それにあてはまる国の組み合わせとして正しいものを、次の①～④のうちから一つ選びなさい。

①アメリカ合衆国・ロシア・フランス
②アメリカ合衆国・イギリス・ロシア
③フランス・イギリス・アメリカ合衆国
④ロシア・フランス・カナダ

問 17　NGO（Non-Governmental Organizaiton、非政府組織）についての文として最も適切なものを、次の①～④のうちから一つ選びなさい。

① NGO は、国益を代表して人類や地球がかかえる今日的な諸問題に取りくむことができる。
②日本では、NGO を支援するために国の予算が支出されることはない。
③ NATO（北大西洋条約機構）は、NGO である。
④ NGO は、貧困・環境・難民などの問題に取りくむ国際的な民間団体である。

問 18　日本のエネルギー構成について、下の設問(a)、(b)に答えなさい。

(a)　次のグラフは、日本のエネルギー構成の変化を示したものである。グラフの中の[A]～[C]の組み合わせとして最も適切なものを、次の①～④のうちから一つ選びなさい。

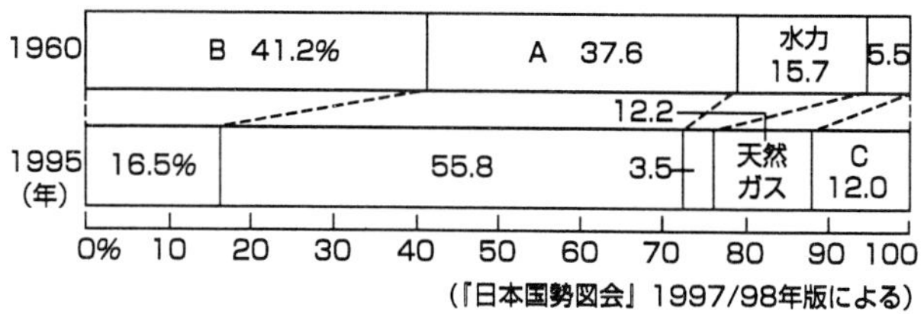

(『日本国勢図会』1997/98年版による)

	①	②	③	④
A	石油	石炭	原子力	石油
B	石炭	石油	石炭	原子力
C	原子力	原子力	石油	石炭

(b) 石油を独占的に支配していた国際石油資本（メジャー、the major oil companies）に対抗して、産油国が石油カルテル機構を結成し、石油価格の引き上げや生産調整をはかった組織を何というか。次の①～④のうちから一つ選びなさい。

① APEC　② UNCTAD　③ OPEC　④ OECD

問 19　環境問題に対する先進国と発展途上国の考えかたの説明として最も適切なものを、次の①～④のうちから一つ選びなさい。

①発展途上国は、環境保全と持続可能な開発の両立をめざしている。
②発展途上国は、コストのかかる環境保全より経済発展を優先させている。
③先進国からの援助は、環境保全より開発目的に限られている。
④先進国の環境破壊の中には、発展途上国からもたらされる公害輸出がある。

問 20　次のグラフは、政府開発援助（ODA）の援助額の推移を示している。グラフの中のA～Cは、イギリス、日本、アメリカ合衆国のいずれかの国名が入る。このグラフを見て、下の設問に答えなさい。

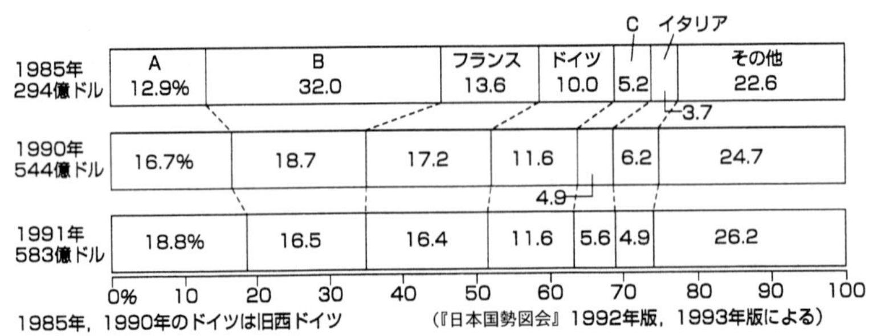

問　グラフの[A]～[C]にあてはまる国名の組み合わせとして正しいものを、次の①～④のうちから一つ選びなさい。

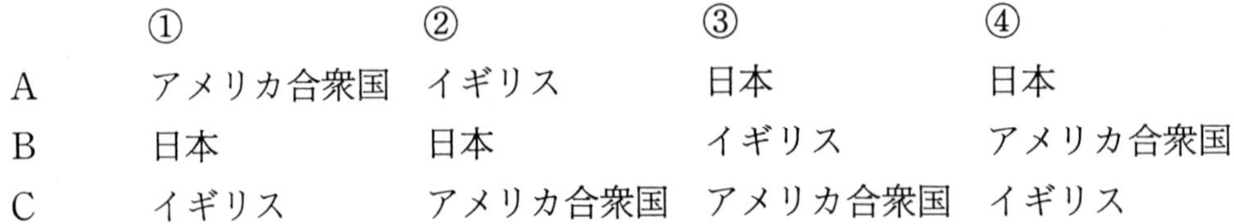

	①	②	③	④
A	アメリカ合衆国	イギリス	日本	日本
B	日本	日本	イギリス	アメリカ合衆国
C	イギリス	アメリカ合衆国	アメリカ合衆国	イギリス

問 21　第二次世界大戦以降における日本政治の特徴として最も適切なものを、次の①～④のうちから一つ選びなさい。

①自由民主党が長期にわたって政権を担当し続けた。
②政治家の汚職がなく、安定した政治がおこなわれたため高度経済成長をとげた。
③外交や安全保障問題について政党間の対立はなかった。
④自由民主党と日本社会党の二大政党が、交互に政権交代をおこなった。

問 22　日本の農業について書かれた文として正しいものを、次の①〜④のうちから一つ選びなさい。

①第二次世界大戦後の農地改革により、小作農が増えたが、近年は農業の従事者数が大幅に減っている。
②日本の穀物自給率は約 23 % で、先進国の中ではきわめて低いが、米の自給率はほぼ 100 % である。
③第二次世界大戦後の食糧自給率が急速に低下したのは、米・大豆・トウモロコシなどの輸入量が増えたからである。
④ GATT に加盟して以降、外国から農産物の市場開放の要求が強くなったが、政府は米の輸入を認めていない。

問 23　次の文は日本のある地方について述べたものである。あてはまるものを、下の①〜④のうちから一つ選びなさい。

気候は涼しく、冬は長く寒さがきびしいが、おいしい米がとれる米作地帯で、近年、IC（集積回路）などの電子工業が進出して、この地方を南北に伸びる高速道路はシリコンロードと呼ばれる。

①北陸地方　②東北地方　③東海地方　④中国地方

問 24　日本国内での気温の差が大きい理由として最も適切なものを、次の①〜④のうちから一つ選びなさい。

①日本は南北に長い国で、標高の高い山岳が多い。
②北日本では北から、西日本では南から、常に季節風が吹いている。
③冬には、日本の北部だけが強力な大陸の高気圧に覆われる。
④初夏の頃の梅雨前線は、北日本にはかからない。

問 25　次の表は、日本の 4 つの都市の月別平均降水量を示す。この表を見て、下の設問(a)、(b)に答えなさい。

	①	②	③	④
1月	293.1	113.0	107.6	45.1
2月	195.2	106.0	94.1	60.4
3月	156.5	162.0	81.8	99.5
4月	147.8	152.0	62.3	125.0
5月	150.0	243.2	54.8	138.0
6月	207.0	252.7	66.4	185.2
7月	250.7	190.2	68.7	126.1
8月	171.1	258.9	142.0	147.5
9月	247.5	168.0	137.7	179.8
10月	202.8	150.9	115.6	164.1
11月	265.3	116.9	98.5	89.1
12月	305.4	123.0	100.1	45.7
年	2592.6	2036.8	1129.6	1405.3

(単位：mm)

(a) 下の文章の空欄Aにあてはまる都市として正しいものを、表の中の①〜④のうちから一つずつ選びなさい。

日本海（the Sea of Japan）側の気候は、冬に大きな特徴がある。大量の雪が降り、世界有数の豪雪地帯（heavy snow-fall area）となる。表によると、冬にとくに降水量の多い都市は[A]であり、[A]は日本海側にあることがわかる。

(b) 日本の気候を特徴づけるのは梅雨であるが、北海道には梅雨がない。北海道の都市として正しいものを、表の中の①〜④のうちから一つ選びなさい。

問 26 規制緩和（deregulation）に相当するものとして最も適切なものを、次の①〜④のうちから一つ選びなさい。

①生徒のゆとりを確保するために、土曜日も学校を完全に休みとした。
②食品の安全を確保するために、賞味期限の表示を義務づけた。
③消費者の利益のために、政府が電力の価格を引き下げた。
④競争を促進するために、銀行以外の企業にも銀行業務をおこなえるようにした。

問 27 1995年頃まで、アジア諸国は高い経済成長率を示していた。世界中からある言葉で呼ばれて注目されていたが、その言葉を次の①〜④のうちから一つ選びなさい。

①世界経済のホームセンター　　②世界経済のけん引役
③世界の改革センター　　④世界の成長センター

問 28　次の日本の国土についての文の[A]〜[C]にあてはまる語の組み合わせとして正しいものを、下の①〜④のうちから一つ選びなさい。

日本列島は、[A]大陸の東にあって、島々が弓の形にならび、[A]大陸と日本列島のあいだには、日本海や[B]があり、また東には広大な[C]が広がっている。

	A	B	C
①	アメリカ	東シナ海	大西洋
②	ユーラシア	オホーツク海	インド洋
③	アメリカ	南シナ海	太平洋
④	ユーラシア	東シナ海	太平洋

総まとめ第2回

問1 一郎と道子が話し合っています。これを読んで、下の設問(a)〜(d)に答えなさい。

道子：寒さの大嫌いな私には、地球温暖化(1)はうれしいわ。

一郎：何、言ってるの。人類にとって重大問題なんだよ。たとえば、太平洋上の小さな島国は、海面上昇のために海面の下に沈んでしまうんだって。

道子：えぇ!? 国がなくなっちゃうの？

一郎：石油などを燃やすと出る温室効果ガスの増加が、原因なんだよ。

道子：国際的な会議(2)を開いて対策を話し合っているの？

一郎：温室ガス発生量の削減を決めた議定書(3)が採択されたんだ。でも、各国の利害が対立して、実行する国が増えない(4)のが実状なんだ。

道子：どの国も、石油を使わない生活にきりかえられないのね。

(a) 下線部(1)の影響として最も適切なものを、次の①〜④のうちから一つ選びなさい。

①地球上の水が蒸発し続けるため、乾燥化がいっそう進む。
②酸素の量が減り続け、生物の生存に影響をあたえる。
③都市の気温だけが高くなって、都市の居住環境が悪化する。
④温暖化による気候変動のため、高生産地の穀物生産が減少する。

(b) 下線部(2)に該当する決議がなされた会議として正しいものを、次の①〜④のうちから一つ選びなさい。

① 1997年に日本、京都で開かれた会議
② 1992年にブラジル、リオデジャネイロで開かれた会議
③ 1985年にカナダ、モントリオールで開かれた会議
④ 1991年にオランダ、マーストリヒトで開かれた会議

(c) (3)についての文として最も適切なものを、次の①〜④のうちから一つ選びなさい。

①発展途上国は、2012年までに、温室効果ガス6種の排出量を1990年に比べて5％減らす。

②その国の森林による温室効果ガスの吸収量は、その国の排出量から差し引くことができる。
③先進国は、環境を悪化させないクリーンな開発に資金を提供する義務を負う。
④先進国は、2020年までに石油などの化石燃料にかわる代替エネルギーを開発しなければならない。

(d) (4)についての理由として最も適切なものを、次の①〜④のうちから一つ選びなさい。

①先進国も発展途上国も石油の大量消費をやめると、経済活動が後退する心配があるため。
②先進国が、原子力や太陽エネルギー利用の先端技術を、発展途上国に供与したがらないため。
③温暖化によって住みやすくなるので、亜寒帯に属す国々が地球温暖化を歓迎しているため。
④地球温暖化の原因は二酸化炭素などの温室効果ガスだと断定できないため。

問2 日本の資源・エネルギー問題に対する取り組みとして最も適切なものを、次の①〜④のうちから一つ選びなさい。

①資源・エネルギーを国内で自給するために、国内で油田などの鉱産資源の開発を進めようとしている。
②資源・エネルギーを大量に消費する重化学工業を縮小し、高度な情報や技術をもちいる新しい産業を発展させようとしている。
③資源・エネルギーの輸入を自由化し、石油などの消費をこれまで以上にさかんにしようとしている。
④資源・エネルギーを大量に消費する重化学工業を縮小し、自然との共生をはかる農業を工業にかわる産業に育てようとしている。

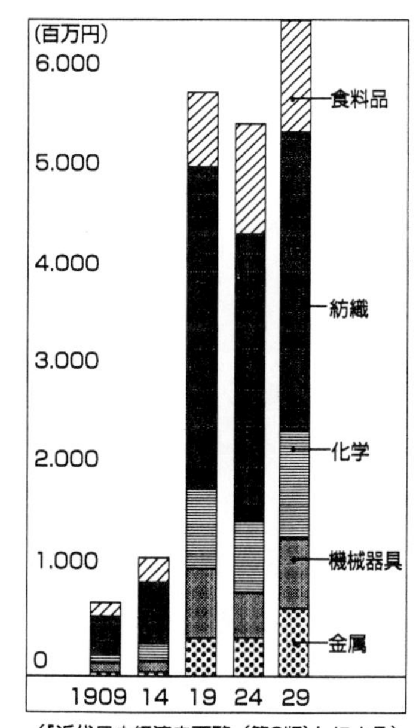

(「近代日本経済史要覧（第2版）」による)

問3 右の図は、日本の工業生産額の増大を示している。この図を参考にして、下の設問(a)、(b)に答えなさい。

(a) 図によれば、日本経済はこの時期、大きな変化をとげたことがわかる。それはどのような事件（戦争）によって影響を受けたのか。正しいものを、次の①〜④のうちから一つ選びなさい。

①日露戦争（Russo-Japanese War）
②第一次世界大戦
③日中戦争（Sino-Japanese War）
④第二次世界大戦

(b) 日本経済の大きな変化の結果、日本の産業構造はどう変化したか。正しいものを、次の①～④のうちから一つ選びなさい。

①重化学工業が大きく発達した。
②情報産業が大きく発達した。
③自動車工業が大きく発達した。
④電気機器工業が大きく発達した。

問 4 次の文を読んで、下の設問に答えなさい。

第一次世界大戦後のヨーロッパ秩序の再編（reorganization）の中心は、ヴェルサイユ講和会議（Peace Conference of Versailles）を主導したイギリスとフランスである。この会議の結果、つくられた体制は[A]と呼ばれた。この体制維持（maintenance）の中心組織は[B]であった。

問 次の文の[A][B]にあてはまる語の組み合わせとして正しいものを、下の①～④のうちから一つ選びなさい。

	A	B
①	ワシントン体制	国際連合（United Nations）
②	ヴェルサイユ体制	NATO（北大西洋条約機構）
③	ワシントン体制	国際連盟（League of Nations）
④	ヴェルサイユ体制	国際連盟

問 5 国連の PKO（Peace-Keeping Operation、平和維持活動）についての文として正しいものを、次の①～④のうちから選びなさい。

① PKO は、国連軍を派遣して行なう平和維持活動である。
②国連決議に基づく PKO は、当事国の同意を得て紛争に介入する。
③ PKO は、国連憲章に違反した国への制裁活動である。
④ PKO の目的の中には、核兵器の廃絶や軍備縮小が含まれる。

問 6　日本の住宅・都市問題についての文として正しいものを、次の①〜④のうちから一つ選びなさい。

①都市の中心部の地価が高騰したので、郊外における生活環境が整備されないまま無秩序な住宅開発が行われ、デフレーション現象と呼ばれる。
②都市の中心部の人口減少と郊外の人口増加がみられ、ドーナッツ化現象と呼ばれる。
③都市の中心部に人口が集中して、よりいっそうの過密化が進み、スプロール現象と呼ばれる。
④都市の中心部の地価が下落して生活環境が悪化し、都市の中心部のスラム化が進んだ。

問 7　次の表は、日本・アメリカ合衆国・EU について、6 つの経済指標を示したものである。この表を参考にして、下の文の空欄［A］、［B］、［C］に当てはまる国の組み合わせを、下の①〜④のうちから一つずつ選びなさい。

	(1)	(2)	(3)
国内総生産(億ドル)	51,343	72,654	84,356
1 次エネルギー消費(石油換算　百万トン)	447	2,115	1,300
自動車生産(万台)	1,035	1,183	1,549
穀物生産(万トン)	1,379	33,767	20,782
貿易額(輸出)(億ドル)	4,429	5,464	7,670
農業就業人口(千人)	3,490	3,596	8,628

(統計年次は 1995 年または 1996 年。『世界国勢図会』により作成)

構成するいずれの国も 1 か国では、ほかの 2 国にかなわないが、構成国すべてを合わせた国内総生産（GNP）では両国をそれぞれ上回る。したがって(3)が［A］ということになる。

世界一のエネルギー消費国であり、また世界の穀物市場を支配する農業国なので、(2)が［B］ということになる。食糧自給率が先進国の中で最低なので、穀物生産高が低い(1)が［C］ということになる。

	①	②	③	④
A	EU	日本	アメリカ合衆国	EU
B	日本	EU	EU	アメリカ合衆国
C	アメリカ合衆国	アメリカ合衆国	日本	日本

問 8　日本の人口問題について書かれた文として正しいものを、次の①〜④のうちから一つ選びなさい。

①日本の人口は、東京・大阪・名古屋の三大都市圏を中心とする太平洋ベルトに集中している。
②第二次世界大戦後、ベビーブームで人口が急増したが、その後も出生率は変わらず、現在、日本の人口は約 1.2 億人である。
③日本の人口は 65 歳以上の年齢層が減り続け、ゆるやかに高齢化社会をむかえている。
④農山村の過疎問題、大都市の過密問題は、近年、解消されつつある。

問 9　日本企業がアジアへ進出する要因として最も適切なものを、次の①〜④のうちから一つ選びなさい。

①日本国内で工場労働者の数が急速に減ったため。
②現地の安い労働賃金などで、製品の生産コストを引き下げるため。
③アジア諸国には、すでに電子工業などの先端産業で働く労働者が豊富だったため。
④日本への輸出急増で生じたアジア諸国との貿易摩擦を解消するため。

問 10　地球環境問題について述べた文として最も適切なものを、次の①〜④のうちから一つ選びなさい。

①オゾン層の破壊は、1992 年にリオデジャネイロで開かれた地球サミットをきっかけに、国際的な取り組みが本格化した。
②地球温暖化に対する国際的な取り組みは、先進国と発展途上国の利害の対立などで、各国の足並みがそろっていない。
③酸性雨は先進国の工業化にともなって深刻化した問題で、発展途上国の工業化の影響は見られない。
④砂漠化の進行は、地球温暖化によって乾燥地帯の降水量が増えているため対策が最も進んでいる。

問 11　次の図は、完全競争市場で需要曲線 D と供給曲線 S によって価格 P が決定することを示す。また、条件の変化によって需要曲線が D が D′ に移動し、あるいは供給曲線 S が S′ に移動すると価格が変化することを示す。この図を参考にして、下の設問(a)、(b)に答えなさい。

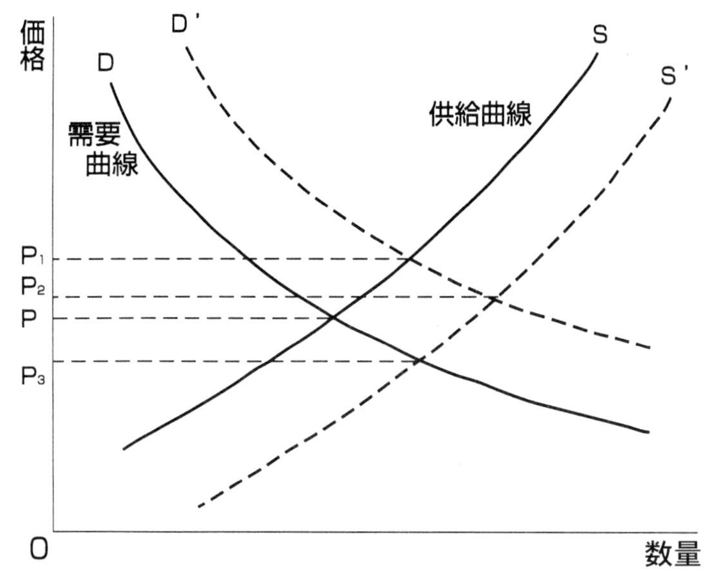

(a)　市場価格が決定されている状態から、供給だけが増え需要が変わらないとすると、新しい市場価格はどこで均衡するか。次の①～④のうちから一つ選びなさい。

①点 P　②点 P_1　③点 P_2　④点 P_3

(b)　需要曲線 D と供給曲線 S において、P_1 の価格では供給が需要より大きい。価格の自動調整作用が働いている状況で起こると考えられるものを、次の①～④のうちから一つ選びなさい。

①価格が P_1 に下がることによって、需要と供給が等しくなる。
② P_1 の価格はそのままで、需要が増えて供給と等しくなる。
③ P_1 の価格はそのままで、供給が減って需要と等しくなる。
④価格が P_1 から上がることによって、需要と供給が等しくなる。

問 12　イギリスの産業革命について、下の設問(a)、(b)に答えなさい。

(a)　イギリスで最初の産業革命が起こった原因の説明として最も適切なものを、次の①～④のうちから一つ選びなさい。

①先行する農業革命で食糧自給が可能になり、労働者になる人口が急増した。
②市民革命によって、さまざまな独占や特権が廃止され自由な経済活動が促進された。
③北アメリカ植民地の独立で財政にゆとりができて、産業優先の政策をとることができた。
④植民地で、大量の石炭や鉄などの資源が産出した。

(b) 19世紀になって産業の発達したイギリスは何と呼ばれたか。正しいものを次の①〜④のうちから一つ選びなさい。

①世界のオフィス　②世界の工場　③世界の商店　④世界の市場

問13 世界恐慌について書かれた文として正しいものを、次の①〜④のうちから一つ選びなさい。

①イギリスは自治領と協議して、ブロック経済で切り抜けようとした。
②フランスやドイツは、世界恐慌から抜け出て、強い国家をつくるため、全体主義に向かった。
③アメリカでは、公共事業を中心とするマンハッタン政策がとられた。
④恐慌はソ連にも波及し、五か年計画に基づいて重工業化を推進した。

問14 日本国憲法の三大原理として正しいものを、次の①〜④のうちから一つ選びなさい。

①国民主権主義・自由主義・直接民主制
②国民主権主義・基本的人権の尊重・平和主義
③平等主義・平和主義・基本的人権の尊重
④三権分立主義・平等主義・平和主義

問15 次のグラフは、1996年における発展途上国の輸出品目の割合を示している。このグラフを見て、下の設問(a)、(b)に答えなさい。

A 8717百万ドル	繊維品 52.9%	衣類 21.7	米 5.6	その他 19.8		
ヴェトナム 5449百万ドル	原油 17.7%	コーヒー 17.0	衣類 14.1	魚介類 11.4	その他 39.8	
B 11099百万ドル	原油 48.0%	液化天然ガス 14.6	石油製品 12.5	天然ガス 11.2	その他 13.7	
C 422百万ドル	コーヒー豆 65.4%	革類 10.4	その他 24.2			
チリ 16678百万ドル	銅 30.8%	銅鉱 12.1	果実 7.3	魚介類 7.3	その他 42.5	
ベネズエラ 22675百万ドル	原油 55.6%	石油製品 26.1	その他 18.3			

(『国連貿易統計年鑑』による)

(a) グラフの A ～ C にあてはまる国名の組み合わせとして正しいものを、次の①～④のうちから一つ選びなさい。

	①	②	③	④
A	エチオピア	アルジェリア	パキスタン	パキスタン
B	パキスタン	エチオピア	アルジェリア	エチオピア
C	アルジェリア	パキスタン	エチオピア	アルジェリア

(b) 発展途上国の産業と貿易についての文として最も適切なものを、次の①～④のうちから一つ選びなさい。

①発展途上国のためにつくられたIMF-GATT体制は、先進工業国よりも途上国により多くの恩恵をもたらした。
②GATTにかわってWTOが設立されたことで、南北問題はおおむね解消した。
③独立するまで先進国の植民地であった発展途上国の多くは、一次産品に特化したモノカルチャー経済を歓迎している。
④一次産品は工業製品より価格が安定しているため、発展途上国の多くが積極的にモノカルチャー経済をおこなっている。

問 16 第一次世界大戦後、アメリカ大統領ウィルソンが提唱した内容はどれか。最も適切なものを次の①～④のうちから一つ選びなさい。

①欧米諸国は国内のすべての少数民族の自立を認めるべきである。
②すべての民族は国際社会では平等であるべきである。
③欧米諸国はすべての植民地を独立させるべきである。
④すべの民族は自らの意思で自らのあり方を決定すべきである。

問 17 国際連盟が失敗した要因の一つとして正しいものを、次の①～④のうちから一つ選びなさい。

①多数決による議決に対して大国の不満が大きかった。
②日本・ドイツなど主要国が脱退した。
③ソ連とドイツが加盟しなかった。
④武力制裁によって戦争が拡大してしまった。

問 18 世界の多くの国は議院内閣制（parliamentary cabinet system）を採用している。

それにあてはまる国の組み合わせとして正しいものを、次の①〜④のうちから一つ選びなさい。

①イギリス・アメリカ合衆国・ドイツ
②イタリア・ロシア・オーストラリア
③日本・イギリス・フランス
④日本・カナダ・イギリス

問 19　過熱した景気を抑えるために、一般に、中央銀行が公定歩合（official rate, bank rate）と国債（national debt）についておこなう政策はどれか。政策の組み合わせとして正しいものを、次の①〜④のうちから一つ選びなさい。

	公定歩合	国債
①	引き上げる	市中に売却する
②	引き下げる	市中に売却する
③	引き上げる	市中から買い上げる
④	引き下げる	市中から買い上げる

問 20　次の文を読んで、下の設問に答えなさい。

日本の総人口に占める有権者の割合は、下の表が示すように、1889 年に最初の衆議院議員の総選挙（a general election）が行われて以来、増えている。とくに、1945 年には女子にも選挙権が与えられて割合が著しく増えた。

表　総人口における有権者の比率

年	比率(%)
1889	1.1
1900	2.2
1919	5.5
1925	20.0
1945	48.7
1995	75.8

問　総人口に占める有権者の比率が、1945 年から 1995 年にかけても大きく増えた理由として正しいものを、次の①〜④のうちから一つ選びなさい。

①未成年者の人口が減り、高齢者の人口が増えたから。
② 18 歳以上のすべての男女に選挙権を与えたから。
③日本に住むすべての外国人にも選挙権をあたえたから。
④人口に占める未成年者と高齢者の割合が共に減ったから。

問 21 ヨーロッパ列強による東南アジアの植民地支配についての文として正しいものを、次の①～④のうちから一つ選びなさい。

①ヴェトナムでは、イギリスの植民地支配に反対する反乱がおこった。
②スペインは、ジャワでおこなった強制栽培制度によって大きな利益を得た。
③タイは東南アジアの中で、ただ１国、植民地支配をまぬがれ、独立をたもった。
④ナポレオン戦争の結果、フランスの海峡植民地とポルトガル領東インドの領域が確定した。

問 22 次の図は、1970 年と 1989 年における日本の輸入品目の割合を示している。その特徴として正しいものを、次の①～④のうちから一つ選びなさい。

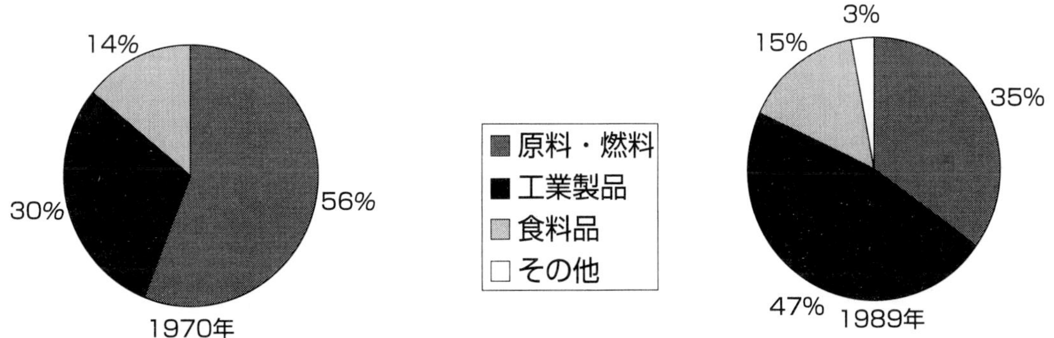

①食料品の割合が大きく減っている。
②工業製品の輸入が大きく増えている。
③原料・燃料の輸入が大きく増えている。
④輸入品目の割合に変化は見られない。

問 23 日本の水産業（漁業）について述べた文として正しいものを、次の①～④のうちから一つ選びなさい。

①世界一の漁獲高をほこり、世界中の市場で水産加工物を販売している。
②沖合漁業が中心になり、栽培漁業や養殖業など育てる漁業に力を入れている。

③水産物加工業に力を入れ、輸入水産物の量は年々減っている。
④漁業従事者の高齢化が進んでいるが、漁獲高は30年前とほとんど変わらない。

問24 日本の工業についての文として最も適切なものを、次の①～④のうちから一つ選びなさい。

①日本の三大工業地帯は、1950年代以降の高度経済成長期に形成された。
②工業製品の全出荷額に占める三大工業地帯の割合は、近年、増加している。
③近年、工業地帯は沿海部だけではなく、交通の便がよい内陸部へも広がっている。
④現在でも、製品出荷額は重化学工業より軽工業のほうが多い。

問25 資本主義経済においては、好景気と不景気が交互にくり返される。下の図は、景気の変動をおおまかに示したものである。この図を見て、下の設問に答えなさい。

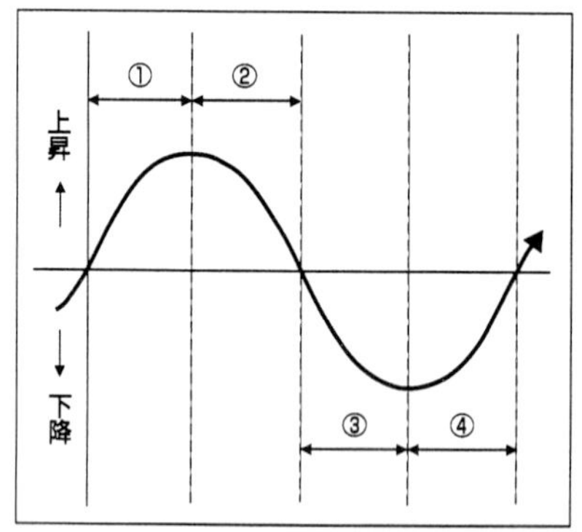

問　企業は投資を増やして設備を大きくし、そのため生産は活発に行われて失業者も少なく、人々の所得は上昇して消費が拡大していく時期を、図の中の①～④のうちから一つを選びなさい。

問26 日本の梅雨の時期の天候について書かれた文として最も適切なものを、次の①～④のうちから一つ選びなさい。

①シベリアで発達した高気圧から吹き出す北西の季節風（monsoon）により、日本海側で降水量が多くなる。
②太平洋で発達した高気圧から吹き出す南東の季節風により、太平洋側で降水量が多くなる。
③日本の南と北に発達した2つの高気圧がぶつかり合い、日本の南岸に前線が停滞して雨が長く続く。

④中国大陸から移動性の高気圧が次々やってきて、晴れる日と雨の日が交互に繰り返される。

問 27 次の文の［A］、［B］、［C］、［D］にあてはまる語句の組み合わせとして正しいものを、下の①～④のうちから一つ選びなさい。

日本の川は、一般的に［A］であるため、浸食・運搬作用が活発である。また、季節による［B］の変化が激しく、春の雪どけや［C］・台風のときには水量が増して豊富な水資源をもたらすが、［D］を起こすことも多い。

	A	B	C	D
①	短くゆるやか	水温	梅雨	洪水
②	短く急流	水量	梅雨	洪水
③	短く急流	水温	秋雨	渇水
④	長くゆるやか	水量	秋雨	渇水

問 28 近年の世界情勢についての文として最も適切なものを、次の①～④のうちから一つ選びなさい。

① 1967 年に発足した EC は、1993 年に EU となり、加盟国は 50 か国である。
②旧ソ連の解体でコメコンや北大西洋条約機構（NATO）も解体したが、西側の軍事機構ワルシャワ条約機構（WTO）は現在も存続している。
③ ASEAN はインドの加盟で、東南アジア 10 か国で構成される。
④ NAFTA は北米のアメリカ・カナダ・メキシコの 3 か国で構成される。

参考文献（さんこうぶんけん）

「総合科目」を学習するのに最適な参考書は、高校の教科書（「現代社会」「地理」「世界史」「日本史」）なのですが、手に入れるのがむずかしいので、以下にあげる本でさらに勉強してください。

［公民］
新政治・経済 改訂版(チャート式シリーズ)　戸松 秀典、岩田 一政共著　数研出版
政治・経済新総合資料　東京書籍
大学受験一目でわかる政経ハンドブック 改訂版(東進ブックス)　清水 雅博著　ナガセ
センター試験現代社会でるテーマ 64 要点整理　小泉 祐一郎著　旺文社
「なぜ？」がわかる激動の世界現代史　上下　水村光男著　講談社
［図解］わかる！　政治のしくみ　福岡政行監修/堀内伸浩著　ダイヤモンド社

［地理］
地理中学事典　教学研究社
日本地理がわかる事典　浅井建爾著　日本実業出版社
世界国勢図会　（財）矢野恒太記念会
日本国勢図会　（財）矢野恒太記念会
世界と日本の地理統計　古今書院

［歴史］
早わかり世界近現代史　宮崎正勝著　日本実業出版社
「なぜ？」がわかる激動の世界現代史　上下　水村光男著　講談社
これならわかる世界の歴史Ｑ＆Ａ　2　市民革命～第一次世界大戦　鈴木亮他著　大月書店
これならわかる世界の歴史Ｑ＆Ａ　3　世界恐慌～21 世紀への扉　鈴木亮他著　大月書店
そうだったのか！　現代史　池上彰著　集英社
そうだったのか！　日本現代史　池上彰著　集英社

［その他資料］
データパル　最新情報用語資料　小学館
現代用語の基礎知識　自由国民社
情報・知識イミダス　集英社
知恵蔵 朝日現代用語　朝日新聞社
各種地図帳
各種年表

解　答

かいとう

復習しよう

［公民］

1. 現代の社会生活 (p. 23)

問1③　問2④　問3④　問4①　問5④　問6③　問7①　問8②　問9①

2. 現代の経済 (p. 43)

問1③　問2④　問3④　問4②　問5③　問6③　問7④　問8①　問9②

3. 現代の政治 (p. 67)

問1①　問2④　問3②　問4①　問5①　問6④　問7②　問8②　問9③

4. 現代の国際社会 (p. 87)

問1①　問2③　問3①　問4④　問5④　問6①　問7③　問8②　問9①

［地理］

1. 地理的技能 (p. 98)

問1①　問2③　問3②　問4③　問5④　問6④　問7②　問8①

2. 日本の国土と自然 (p. 110)

問1②　問2①　問3③　問4①　問5④　問6①　問7④　問8③

3. 日本の人々と産業 (p. 128)

問1④　問2④　問3②　問4①　問5③　問6④　問7①　問8②　問9③

［歴史］

1. 近代の世界 (p. 147)

問1③　問2①　問3③　問4①　問5④　問6①　問7④　問8①

2. 現代の世界 (p. 166)

問1①　問2④　問3②　問4④　問5②　問6③　問7④　問8①

3. 近現代の日本 (p. 185)

問1③　問2①　問3④　問4②　問5②　問6①　問7③　問8①

総まとめ

第1回　(p.188)
問1　(a)①　(b)③　(c)④　(d)①　問2　(a)③　(b)①　問3　(a)④　(b)④
問4　②　問5　(a)③　(b)②　問6　(a)③　(b)②　(c)⑤　問7　②　問8　②
問9　①　問10　(a)②　(b)①　問11　(a)③　(b)④　問12　③　問13　(a)①　(b)②
問14　②　問15　④　問16　①　問17　④　問18　(a)①　(b)③　問19　①　問20　④
問21　①　問22　②　問23　②　問24　①　問25　(a)①　(b)③　問26　④　問27　④
問28　④

第2回　(p.200)
問1　(a)④　(b)①　(c)②　(d)①　問2　②　問3　(a)②　(b)①　問4　④
問5　②　問6　②　問7　④　問8　①　問9　②　問10　②　問11　(a)④　(b)①　問12
(a)②　(b)②　問13　①　問14　②　問15　(a)③　(b)③　問16　④　問17　②　問18　④
問19　①　問20　①　問21　③　問22　②　問23　②　問24　③
問25　①　問26　③　問27　②　問28　④

저자약력

斉藤忠(さいとう　ただし)

1957年、埼玉県に生まれる。
早稲田大学政治経済学部卒業。
ジャーナリストを経て現在、ノンフィクション作家。
主な著書に、
『一冊で歴史上100の大失敗から教訓を得る』(友人社)
『イエス・キリストの謎と正体』(日本文芸社)
『間違いだらけの歴史教科書』(青年書館)
など多数

이렇게 달라졌어요
일본유학시험(EJU) 문과 종합과목

초판발행_2002년 4월 29일
1판5쇄_2009년 5월 20일

저자_ 斉藤忠
편저_ 日本留学試験問題研究会
펴낸이_엄호열
펴낸곳_(주)시사일본어사
등록일자_1977년 12월 24일
등록번호_제 300-1977-31호
주소_서울 종로구 원남동 13번지
전화_1588-1582 팩스_(02) 3671-0500
홈페이지_http://book.japansisa.com
이메일_tltk@chol.com

ISBN 978-89-402-0413-9 13730

© 2002、斉藤忠、日本留学試験問題研究会
株式会社 国書刊行会、『チャレンジ総合科目』

* 이 교재의 내용을 사전 허가없이 전재하거나 복제할 경우 법적인 제재를 받게 됨을 알려 드립니다.
* 잘못된 책은 구입하신 서점이나 본사에서 교환해 드립니다.
* 정가는 표지에 표시되어 있습니다.